档案管理与应用创新研究

邵海丽 著

中国原子能出版社

图书在版编目(CIP)数据

档案管理与应用创新研究 / 邵海丽著. —北京：
中国原子能出版社,2020.9（2024.1重印）

ISBN 978－7－5221－0888－9

Ⅰ.①档…　Ⅱ.①邵…　Ⅲ.①档案管理—研究　Ⅳ.
①G271

中国版本图书馆 CIP 数据核字（2020）第 177316 号

档案管理与应用创新研究

出版发行	中国原子能出版社（北京市海淀区阜成路 43 号　100048）
责任编辑	胡晓彤
装帧设计	刘慧敏
责任校对	刘慧敏
责任印制	赵　明
印　　刷	河北文盛印刷有限公司
经　　销	全国新华书店
开　　本	787 mm×1092 mm　　　1/16
印　　张	12.25
字　　数	210 千字
版　　次	2020 年 9 月第 1 版　　2024年1月第2次印刷
书　　号	ISBN 978－7－5221－0888－9　　　定　价　58.00元

网址：http://www.aep.com.cn　　E-mail：atomep123@126.com

发行电话：010－68452845

前 言 PREFACE

　　随着现代信息技术的飞速发展,作为承载社会信息的重要载体,档案的内涵与外延均正发生巨大变化,众多行业领域中已经广泛应用了信息管理技术。档案管理工作内容比较复杂,同样需要结合一定的管理技术,进行档案管理的创新,从而能够提高档案管理的工作效率,促进档案管理工作更加规范。本书简要分析了档案管理创新与应用发展的必要性及其意义,论述了当前档案管理的基本情况,提出了档案管理创新发展的几点应用措施,以期为档案管理的工作的开展提供帮助。

　　本书分别从档案的认知、高校档案的收集归档、高校归档材料的整理、高校特殊载体档案管理、高校档案数字化、教学档案集成管理之创新、高校院系档案管理引入美学美育之创新、信息化时代下高校档案信息管理的创新研究等方面进行研究与讨论,以期通过本书的介绍,能够为构建完善的档案管理与应用创新体系提供参考与借鉴。

　　本书由邵海丽(青海大学医学院)著。在写作过程中,笔者参考了部分相关资料,获益良多。在此,谨向相关学者师友表示衷心感谢。

　　由于水平所限,有关问题的研究还有待进一步深化、细化,书中不足之处在所难免,欢迎广大读者批评指正。

著　者

2020 年 9 月

目 录 CONTENTS

第一章　档案的认知

第一节　档案的定义与价值

一、档案的定义

中华人民共和国档案行业标准《档案工作基本术语》对档案的定义:"国家机构、社会组织或个人在社会活动中直接形成的有价值的各种形式的历史记录。"这是公认的对档案较为客观、权威的定义。

通过定义可知:

第一,档案是国家机构、社会组织或个人在其特定的社会活动中连续积累而形成的。

第二,档案是保存备查的历史文件,今天的档案就是昨天的文件,今天的某些文件将是明天的档案。

第三,档案的形式和载体是丰富多样的。档案的形式,在古代有诏、诰、奏折等,近现代有条例、决定、通知、会议纪要、会计凭证等。档案的载体,在古代有陶文档案、甲骨档案、简策档案等,近现代有纸张档案、胶片档案、磁带档案、光盘档案、磁盘档案等。

第四,档案是原始的历史记录,具有原始性和记录性的特点。

随着现代信息技术的发展和传媒的丰富,档案也产生了新的形式,外延也在不断发展,如"口述档案""民生档案""诚信档案"等新名词不断涌现,让人们对档案的本质内涵有了新的思考。人们将这种扩大档案内涵的形象称为"泛档案"现象,也称为档案的"泛化"现象。这种现象的产生体现了档案文化的发展,反映了与公众利益密切相关的、合乎人们口味的大众文化,同时通过电视媒体的传播,深化了大众档案意识,使得社会对档案的关注度大大提升。

二、档案的价值

档案的价值就是档案的利用价值,是档案能够满足社会需求的表现。当档案的原始记录性或知识信息性能够满足某个方面的社会需求时,就形成了档案的价值。档案能够发挥其作用,才能充分体现出其自身的价值,因此,档案的作用就是档案的价值。档案的价值主要包括以下几方面。

(一)凭证价值

档案是原始记录,是历史的真凭实据。这是因为:档案是未经修改过的原稿或原本,是形成者当时、当地、当事直接使用的文件材料转化而来的,它公正、客观地记录了人们当时的思想和活动,是值得信服的历史证据;档案是确凿无疑的原始文件和历史信证,是形成者留下的手迹或当时的照片、录像及原声录音等历史真迹,是可以考查、研究、争辩和处理问题的依据,是不可置疑的凭证价值。

(二)参考价值

由于人类社会活动的多样性,所以档案记录的信息和知识也是极其丰富的。档案中有成功的经验,也有失败的教训;有思想观点,也有实验观察数据;有社会变革,也有生产发展……可以为后人提供广泛的借鉴。所以,档案对于人们查考以往的情况,研究事物的发展和规律,总结和吸取教训,开展新的研究和创造,开创社会主义各项事业的新局面,是必须参考的第一手材料。这是其他文献材料不可比拟的。

第二节　档案的属性和分类

一、档案的属性

档案既有它的本质属性,也有它的一般属性。知识属性和信息属性,是档案的两个属性。知识和信息是档案的内容,载体是档案的形式,二者的统一就构成了档案这一事物。

(一)档案的知识属性

知识,是人类的认识成果,它来源于人们的社会实践,是人的主观世界对于客观世界的概括和反映。档案是人类认识和改造世界的记录,是知识的一种载体。

档案是人们社会实践活动的历史记录。它反映了人类社会各个历史时期,在政治、经济、军事、外交、科学技术、文化艺术、教育和卫生等各个方面的实践经验,是古往今来人们积累起来的知识宝库。

知识是有继承性的,前人的知识后人要继承。档案是人类知识的结晶,是后人学习和借鉴前人知识的重要工具。人类以前人的终点为起点,才能不断地进步和发展。档案始终可以充当人类社会向前发展的起点线。档案是人类积累知识的一种手段,它对人类社会活动的记录,是日积月累、年复一年地、始终不断地进行着的。档案的这种形成特点和存在特点,决定了它只有积累、存贮知识的职能和传授知识的职能。档案是人们获得知识的重要途径之一,也是人们进行知识再生产的一种重要资源。

(二)档案的信息属性

▶▶ 1. 档案信息的原生性

第一,档案信息的原生性,这是档案信息的产生特征。信息,按其形成特征可分为原生性信息和派生性信息。档案是人们社会活动形成的"第一手材料",是事物发生、发展、变化的原始记录,它是没有经过处理的原始信息。它可以做其他信息进行再加工的原材料,而产生出情报、图书、资料等派生性信息。档案信息的原生性,决定了档案信息与其他信息的不同地位。

第二,档案信息的真实性,这是档案信息的价值特征。档案是历史真迹,记载了当事人的印章、签字、笔迹等。它最原始、最真实、最具体地反映事物的本来面貌,是令人折服的真凭实据。档案信息的真实性决定了档案信息的特殊价值——凭证作用。

第三,档案信息的广泛性,这是档案信息的来源特征。人类的社会实践历史悠久,丰富多彩,多种多样。作为历史真实记录的档案,具有从古至今、门类众多、内容广泛、形式多样、数量庞大的特点。人类社会实践持续不断,无穷无尽,又使档案信息具有取之不尽、用之不竭的特点。档案信息来源的广泛性,使档案信息在社会活动的各个领域、各个方面发挥广泛的作用。

二、档案的分类

(一)按照档案形成时间标准分类

从档案形成的历史时期划分,我国全部档案可分为中华人民共和国时期的档案和中华人民共和国成立前的档案两大部分。中华人民共和国成立前的档案统称为历史档案,中华人民共和国时期的档案称为现代档案。

(二)按照档案的来源标准分类

从档案的来源标准来划分,可以分为国家机构档案、党派团体档案、企业单位档案、事业单位档案、名人档案等。每类社会组织档案中,又划分为具体的社会组织档案。

(三)按照档案的内容性质分类

根据档案的内容性质划分,可以分为立法档案、行政档案、军事档案、外交档案、经济档案、科学技术档案、艺术档案、宗教档案等。每种档案,又可具体细分。

(四)按照档案的载体形式分类

根据档案的载体形式可分为石刻档案、泥板档案、甲骨档案、金文档案、简牍档案、纸质档案、纸草档案、羊皮档案、蜡版档案、桦树皮档案、胶片档案、磁带档案等。

(五)按照档案的记录信息方式分类

根据记录信息方式可分为文字档案、图形档案、声像档案。声像档案又分为照片、录音、录像、影片档案。

(六)按照档案的所有权形式分类

根据档案所有权形式可分为国家所有档案、集体所有档案和个人所有档案。

在外国通常分为公共档案和私人档案。对不同所有权的档案,要按照档案法规的规定,分别采取不同的收集和管理办法。属于国家所有的档案,要按规定向国家档案馆移交。属于集体或个人所有的档案,其所有权的转让,一般要在自愿、合法基础上进行,档案所有者可向国家档案馆捐赠、出售或寄存。

第三节　档案价值的鉴定

一、档案价值鉴定工作的基本内容

档案价值鉴定工作的基本内容包括以下几方面。

(一)建立档案价值鉴定的工作组织,完善档案价值鉴定工作机制

需要按照法律法规的要求,成立档案价值鉴定工作组织,开展档案价值鉴定工作。完善的档案价值鉴定工作机制包括有效的沟通机制、有效的管控机制、经验记录机制、风险防范机制等。

(二)制定科学的档案价值鉴定工作政策和规则,订立合理的工作秩序、制度和标准

档案价值鉴定工作政策应该明确此项工作的主要目的和目标,工作人员的责任和义务,应对重点、难点问题的措施及人、财、物的条件保障;档案价值鉴定工作的规则,可以使鉴定人员明确在工作中行事的要求和权限,有利于统一鉴定人员的思想和行为,防范违规事件的发生;档案价值鉴定工作程序,能够使工作人员明确工作任务的流程;档案价值鉴定工作的制度和标准,是按照国家的有关法律法规标准,再结合鉴定对象的实际情况制定出来的。

(三)具体判定档案的保存价值,划定需要保存档案的具体保管期限

档案价值鉴定人员,可以根据对档案保存价值的判断和估价结果,按照档案保管期限表,划定列入保存范围的档案的保管期限。

(四)处置列入销毁范围的档案

档案价值鉴定组织可以根据档案销毁制度和档案安全保密制度的要求,对经过鉴定已经失去保存价值或保存价值不大的档案进行销毁,并做好处理工作。

二、档案价值鉴定工作的要求

(一)以国家和社会的整体利益出发

档案价值鉴定工作是一项直接关系到一个国家和民族的社会历史记忆能否得到有效维护、传承和保护的重要工作,应从国家和社会的整体利益出发,科学地组织和开展,而不应只考虑本单位的利益。

(二)以全面的观点为指导

用全面的观点指导档案价值鉴定工作,就是在判定档案保存价值时,全面分析影响档案保存价值的相关因素,综合判定档案的保存价值。不应从某一个人、某一个机构、某一个机关角度出发去开展鉴定工作,要从全社会的需要出发去开展工作。

(三)以历史的观点为指导

坚持历史的观点,就是根据档案产生的历史条件及其在历史上的作用,科学地评价其对维护人类社会历史记忆的有用性,确定其保存价值。

(四)以发展的观点为指导

以发展的观点为指导,就是要充分考虑到档案保存的未来意义。因此,档案价值鉴定工作人员一定要具有预测未来社会发展需要的能力。

(五)以科学的效益观点为指导

以科学的效益观点为指导,就是要求档案价值鉴定工作人员在进行鉴定工作时，应对列入保存范围的文件和记录的利用价值和利用效益进行充分的预测和评价。只有当档案发挥作用所带来的经济效益和社会效益大于所付出的管理成本时，才能认为档案是具有保存价值的。但是，单纯的效益观点，在档案价值鉴定中要坚决避免。

三、档案价值鉴定工作的规则和方法

（一）档案价值鉴定工作的规则

档案价值鉴定工作的规则，是依据国家档案价值鉴定工作的法律法规和制度要求规定，供档案价值鉴定工作人员共同遵守的制度性行为规范。其内容主要包括规范有据、统一管控、依理行鉴、标准先行、擅存禁止、证据保全、记忆保健、以我为主、宽严适度、期满重鉴、程序合规、业务留痕等。

（二）档案价值鉴定工作的方法

档案价值鉴定的方法主要有档案整体价值评估法、档案内在价值鉴定法、相对价值评估法三种。

❯❯ 1. 整体价值评估法

这种方法是从整体上评价和预测档案价值鉴定工作的方法的总称。这类档案价值评估方法，主要包括宏观鉴定法、档案双重价值鉴定法两种。宏观鉴定法的主要适用对象是电子文件、记录和档案的价值鉴定；档案双重价值鉴定法的主要适用对象是纸质文件、记录和档案的价值鉴定。

❯❯ 2. 内在价值鉴定法

内在价值鉴定法是以"内在价值"的属性和特征为标准的档案价值分析方法。影响内在价值的属性或特征主要有物理形式、美学或艺术性、年龄、在展品中具有的使用价值、真实性可疑的日期和作者或其他特征、引起广泛的和实质性的公众兴趣、对一个部门或机构的建立或存续有法律依据意义的文献、作为制定政策文件的意义等。

3. 相对价值评估法

相对价值评估法是要求档案工作者在正确的档案相对价值鉴定理论的指导下,从不同角度出发,综合判断和估价档案对人类社会存在和发展所具有的各种积极意义。档案价值鉴定人员可以以来源因素、内容因素、形成时间因素、职能因素、形式因素为导向,对档案进行相对价值判断。

在档案价值鉴定实践中,工作人员会遇到一些较为特殊的矛盾和问题,为解决这些特殊情况,可以选择一些特殊的方法,如弹性方法、典型抽样法、随机抽样法、暂留观察法、"计划生育"法、专家评估法等。

四、档案价值鉴定的标准

档案的价值是客观存在的,但是对档案价值的认识和评价,却带有很强的主观性。因此,建立明确的档案价值鉴定标准十分必要,以提高档案鉴定结论的客观性、可靠性、准确性。其标准主要有档案属性标准、社会需求标准、相对价值标准等。

(一)档案属性标准

档案的属性标准可以从以下几方面进行鉴定。

1. 文件来源标准

文件来源标准,主要是分析文件的价值,应站在本单位的角度,应看立档单位在社会上的地位和作用及在本单位制发的文件中,具体的撰写者、制发机构对档案价值产生的影响。

2. 内容标准

内容标准,主要是看文件内容的重要性、独特性、真实性以及文件信息内容的综合性或集中性。

3. 时间与时效标准

时间与时效标准,主要是看文件形成时间对档案价值的影响,具体表现在文件形成时间的远近,文件形成于特别时期还是一般时期;看档案价值的实效性,表现在档案可以在不同时期满足人们不同需要的阶段性,即现实的使用价值、历史的参考价值和鉴赏的文物价值。

▶▶ 4.形式特征标准

形式特征标准,主要是看文件的名称,文件的文本、文件的外形特点等。

档案属性特征的各个方面是相互联系、不可分割的,切忌孤立地、机械地单从某一方面的特征来判定档案的保存价值,要全面地分析,科学地判定档案的价值。

(二)社会需求标准

社会需求和利用对档案的价值有影响、调节和使用作用,其标准主要包括社会需求方向、社会需求面、社会需求时间。

▶▶ 1.社会需求方向

社会需求方向,主要是指社会需要利用哪些内容和哪些类型的档案,把握住总的发展趋势。不同历史时期,不同利用者,不同目的者,所需要的档案信息内容不同,因此,档案人员要站在社会需求的高度,把握住各方面利用档案信息的需要。

▶▶ 2.社会需求面

社会需求面,是指社会对档案的需求是多方面和多层次的。因此,在鉴定工作中决定档案的留存和确定保管期限时,应以一定的社会需求面为前提,要避免片面地以个别需求为鉴定标准,而要考察每份文件的社会意义。

▶▶ 3.社会需求时间

社会需求时间,可以分为近期利用需求与长远利用需求。无论是近期利用需求,还是长远利用需求,都要充分发挥档案馆史料基地的作用。

(三)相对价值标准

档案的相对价值标准,是通过相互比较来衡量档案保存价值的一种标准。标准包括相关档案的保存状况、档案保管的条件和费用等。

1.相关档案的保存状况

相关档案的保存状况,主要是看档案的完整程度,档案是否重复,文件的可靠程度,档案内容的可替代程度等。

2.档案的保管条件和费用

档案的保管条件和费用,主要是在鉴定工作时,要适当考虑现有的保管条件与设备的承受能力以及在保管过程中所产生的储存费用、处理费用、保护费用、参与咨询费用等。

第二章　高校档案的收集归档

第一节　学校档案管理基本理论

学校档案整理工作的基本理论就是对档案整理活动内容、宏观管理、工作措施与经验等进行总结和提炼的活动。目前，学校档案管理理论研究尚处于发展阶段。除涉及宏观层面的问题外，对学校档案整理基本问题的探讨更多地体现在应用方面。学校档案管理的基础理论主要有档案"全宗理论""实体管理"等方面。

一、全宗理论

全宗是档案管理学的基础理论之一。"全宗是指机关、团体、企事业单位或著名人物在社会活动中形成的档案的有机整体，是档案馆、室对档案进行科学管理的基本单位，也是国家档案全宗的基本单位"。全宗理论坚持档案的收集、整理、保管、利用都必须以维护一个立档单位的全部档案材料的不可分散性为前提，同一全宗的档案文件不能分散，不同全宗的档案文件不能混淆。按全宗来管理不仅是根据来源区分档案的一种整理方法，也是我国规定的档案管理原则，称为全宗原则。其核心是来源原则。"档案管理所要解决的核心问题，就是使数量众多、内容形式广泛复杂，且管理前处于无序状态的档案文件有序化"。

全宗理论是档案管理工作的理论基石。全宗理论认为，文件的来源是确定立档单位作为一个有机整体的首要因素。按照我国的档案管理全宗理论精神，一所学校在教学、科研、党政管理及其有关方面的活动形成的文件材料，积累成档案。从结构上看，学校档案是以学校内的部门或一定的个人为单位形成的。学校档案来源于这些相互紧密联系的部门（单位）或个人，从而全面系统地反映出学校各项工作活动的历史面貌。同时，各项活动产生的文件材料在时间、内容、形式等方面也有一些必然的联系。因此，我们在整理学校档案时，必须注意首先保持文件材料来源方面这种固有的联系，从而全面系统地反映学校各项活动的历史面貌。

二、实体管理理论

实体管理理论源于我国《高等学校档案实体分类法》。实体管理倡导从高等学校档案实际出发，根据高等学校档案形成的领域范畴，结合文件材料所记录的内容的行政关系进行分类。按照这种档案分类基本原则，将高等学校档案分为十大类，并把声像档案作为特殊的附加载体。实体分类法"把产生于同一活动领域，记录和反映相同性质的管理性文件材料和业务性的材料"作为一个有机的整体加以考虑，这样就明确了各类管理性文件材料与业务性文件的归类界线。也就是说，不管档案"产生于任何职能部门，凡属同一领域范畴的，都应归入同一类别中。如人事处产生的出国考察等材料，外事办产生的聘请外籍教师来校任教、讲学，外事接待等材料都应归入外事类"。实体管理理论对高等学校的业务指导起到了重要作用，是目前高等学校档案管理中被广泛接受和应用的理论。目前，学校档案归档工作采取的是部门立卷制度，档案分类执行的是原国家教委 1993 年颁布的《高等学校档案实体分类法》，按档案实体进行分类。实体分类成为科学指导高校档案管理的业务标准。

三、教学档案中心论

所谓教学档案，就是学校在教学实践活动中形成的反映学校主要职能活动和基本历史面貌的，在日后学校教学工作中有一定参考利用价值的文件材料。它主要包括教务工作、学籍管理工作、教研（改）工作以及教师培训（养）工作等方面的文书材料。教学工作是学校的中心工作，各项活动都是围绕教学工作开展的，教学档案理应作为学校档案的主体。并且，学校档案真实记录了学校建设和发展的历史面貌，其中许多藏品是其他单位或学校所没有的。教学档案不仅突出代表着学校档案特色，也最能体现自己学校不同于其他学校的特色。对每一所学校来说，其产生的教学档案内容具有唯一性，因此，学校的档案馆（室）藏档案要以教学档案为中心，要尽量把教学档案收集齐全完整。

四、教学档案评估理论

学校档案和档案工作的地位在很大程度上是由其发挥作用的程度所决定的。

学校档案工作是管理工作的组成部分。按照《档案法》的要求,"各级人民政府应把档案事业列入国民经济和社会发展计划"。教育部门对学校的监督检查也是通过办学水平评估、人才培养水平评估等加以落实。多年来,随着档案工作标准的不断完善,学校档案工作已由普及型转为科学管理型。在学校参与的各种评估中,学校档案的管理都十分受重视,有明确的考核条款,由此说明档案工作在办学中的重要性。作为一项专门事业,学校档案工作评估与上级部门的其他各项检查评估一样,处于同等重要的地位,是学校管理工作的重要组成部分。学校要积极开展档案管理评估活动,促进学校档案工作上水平。档案评估标准是采用定性分析和定量分析的方法制定的一套档案工作规范化考评体系。主要从组织管理、业务建设、基础设施、开发利用等方面对各单位档案工作管理进行综合评价。过去,档案工作评估分档案馆等级标准、档案室等级标准,分别按国家综合档案馆、机关和企事业单位档案室进行评估。现在,各省分别对档案升级的标准进行了一些调整,重新制定和完善了一些档案工作考评的标准。所设置的评估等级也不尽相同。有的设置为三个体系,即省特级、省一级、省二级。也有的省将考评标准确定为省特级、省一级、省二级、省三级等四个级别。原来的国家级取消了,改为省特级。各省指标体系中的省特级都是最高标准。申请评审一般是从低级开始。目前,还没有针对学校的档案评估规范,包括高校档案管理也没有专门的评估标准,学校的档案定级升级工作主要是依据国家颁布的科技事业单位档案工作升级考核办法进行的。1992 年,国家档案局等部委联合颁发的《关于科学技术事业单位档案升级办法》,通过积极开展档案管理定级、升级活动,一大批学校实现了档案的规范化管理。

第二节 归档文件编制

在着手档案工作时,我们首先要知道文件材料如何归档,哪些文件材料需要归档,哪些不需要归档? 为了便于开展工作,应明确或建立相应的工作标准。

一、归档制度

《中华人民共和国档案法》第十条规定:"对国家规定的应当立卷归档的材料,

必须按照规定,定期向本单位档案机构或者档案工作人员移交,集中管理,任何个人不得据为己有。"这是我国以法律形式明确的最重要的归档制度。实现档案工作制度化是做好学校档案工作的保障。学校在成立档案工作机构后,就应根据党和国家和上级机关的有关规定,建立相应的档案管理制度体系,归档制度就是其中必要的制度之一。

归档制度主要包括各类文件材料整理及归档办法,各类文件材料分类方案、归档范围和档案保管期限,归档时间要求,学校各部门和有关人员档案工作责任制等。其中,文件材料分类方案、归档范围、保管期限表,简称"三合一"制度。

"三合一"制度是指导学校档案管理重要的业务规范文件之一。除了新成立的学校外,大多学校过去已经制定了相关的归档制度文件。学校应结合档案工作实际,制订或修订本校的"三合一"制度,对不符合8号令要求的一些内容要做出修订和整改。

二、文件材料的归档范围

(一)归档范围的确定

我国教育部、国家档案局颁发的《高等学校档案管理办法》从文件材料收集归档的范围,把高校档案分为党群、行政、学生、教学、科研、基本建设、仪器设备、产品生产、出版物、外事、财会等11大类。这里讲的归档范围,亦即学校教育教学的基本活动领域。其中,高校学生类文件材料的收集归档主要包括:学生入学前,即高中阶段的入学登记、体检、学籍记录、党团组织档案、毕业记录等材料。教学类文件材料主要包括反映教学管理、教学实践和教学研究等活动的文件材料。

那么,如何准确的划分归档材料呢？为了确保将应该归档的文件材料齐全完整地归档,在确定收集范围和划分保管期限时,应把握基本原则,概括地说,主要从以下几方面加以把握。

▶▶ 1. 校本位原则

即在收集归档工作中要讲求和坚持"本位主义",即将本校产生的文件材料列为重点,尤其是反映教育教学活动的材料。因为,如果上级机关发的文件我们没有保存,或者丢失了,还可以到上级发文单位或者其他机关查到,而学校自己的文件材料没有保存下来,那就无从索取,或者可能永远无法弥补了。这一原则在划分保管期限时也适用。因此,要把涵盖本校基本历史面貌,反映主要教育教学活动,并在今后的工作中具有查考利用价值的所有文件材料纳入归档范围,切实收集和保管好学校自己产生的档案,以最大限度地保存学校的历史真实。

▶▶ 2. 人为重原则

人为重原则即重视与人相关的文件材料。过去,我们对涉及个人的文件材料不够重视。现在,随着"以人为本"的理念在各项活动中的运用和落实,与人有关的文件材料也将在我们的档案工作中引起足够的重视。因此,今后在整理文件材料时,如果是涉及行政编制、社会保障、劳资政策,人事待遇,包括"干部职工录用、转正、调资、定级、离退休、职务聘任、复转、抚恤、死亡等"问题,凡与个人利益密切相关的文件材料,都是最重要的原始资料。这些文件材料不仅利用率会越来越高,而且还具有维护社会和谐的重要意义,因此是重要的归档材料,在定保管期限时应从长划定。

▶▶ 3. 维权益原则

这是指文件材料所反映的内容属于法律依据,具有凭证价值、有利于维权、维护学校和个人利益。主要是涉及本校的产权、债权债务,学校与各有关集体或个人的经济或利益关系等方面文件材料。这一类文件材料要保证收集归档。但是,在归档时,要防止"胡子眉毛一把抓"的现象,注意突出学校的特色。在本校档案构成方面强调以下几点。

第一,明确归档的重点。各校在确定归档范围和保管期限时,应结合学校实际情况,特别强调对学校的重要活动、重要会议、重要事件、基本建设项目、科研项目、教育教学改革、典型人物等方面的材料收集范围,保证不缺失材料,并从长确定保管期限。因为这些内容最能体现和代表自己学校与众不同的文化、精神内涵方面的特色,最能反映学校发展或前进的历史轨迹,都是作为永久保存的档案资源。对这些文件材料要保证跟踪收集齐全完整。

第二,重视电子文件及其他非纸质档案的归档。档案可以划分为纸质档案、非纸质档案两大类。当今时代已到了数字化时代,电子档案与纸质档案已成为密不可分的关联体,因此,对非纸质的档案,例如电子文件、照(胶)片、音像档案、实物档案等其他载体形式的档案也要同步收集归档。

除了本校的文件材料外,上级部门、同级需要贯彻执行的政策文件和重要的工作指导性文件,及其他具有查考价值文件也在归档范围之列。

(二)保管期限的划分

档案保管期限是对档案价值和重要程度的一个标识,也是保障档案安全和学校档案整理工作质量的重要业务标准。档案保管期限的划分,过去确定为永久、长期、短期三个层次,其中,长期为 16～50 年,短期为 15 年以下。国家档案局 8号令下发的《机关文件材料归档范围和文书档案保管期限规定》,将档案保管期限标准修定为永久、定期两种,其中,"定期"明确为 30 年和 10 年两种具体期限。《机关文件材料归档范围和文书档案保管期限规定》为我们准确划分档案保管期限提供了原则依据。

为有利于优化馆(室)藏档案,在划分保管期限时应把握以下原则。

第一,凡是反映本校主要教育教学活动、基本历史事件、经济关系和个人利益的,对本机关、国家建设和历史研究有长远利用价值的文件材料,应列为永久保管。

第二,保管期限要明确到最低一级的文件种类。

第三,凡涉及与学校与教职工的权益有关的档案,从长划定保管期限。例如,对干部职务任免,受到县级以上表彰奖励的事项就应列为永久保存。

第四,凡是反映本校一般工作活动,在一段时间内对工作有查考利用价值的文件材料,列为定期保管。对上级或下级机关的文件材料,其档案保管期限大多可划为定期。

(三)归档时间

学校各类文件材料的归档应区别处理。根据学校工作的特点,一般来说,教学类文件材料的归档时间以学年度为基点:学校内各部门应当在一学年的下学期即 6 月底前归档,各院系等单位应当在次学年寒假前归档。

科研类材料应当在课题或项目完成后两个月内归档,基建类档案应当在工程项目完成后三个月内归档。

财会类归档材料应由学校财务部门按照会计档案归档的要求,负责整理装订成册。当年的会计档案可以在财务部门保管一年以后,编造清册移交学校档案部门。

三、制定归档文件

归档文件的内容主要包括制定文件的依据,学校文件资料的归档范围及保管期限,不归档的范围,归档要求、归档分工、适用范围和执行时间等方面。

在确定归档范围和保管期限文本时,要求明确、具体,内容层次清晰。对那些不能分类的材料要具体明确文件名称。要反映出学校办学活动中产生的文书及其他文件材料的种类,尽量不要使用模糊的概念,以便于操作。

四、文件的审批

在制定和修订本校的文件材料分类方案、归档范围、保管期限表时,应充分征求校内各部门的意见,以使其更完善。归档范围和保管期限制定出来后,定稿前,送本校主管领导审查。定稿后,应以文件形式报学校当地档案行政管理部门,经审查同意后即可执行。如果档案管理基础较好,过去已制定了相关文件,那么,应根据学校机构、职能的变化,工作内容、文件材料的变化及时进行修改或调整。修订或调整后的"三合一"制度,也要报经同级档案行政管理部门审批。

五、不归档的文件及处置办法

(一)不归档的文件范围

在进行文件材料的归档工作时,往往对哪些应该归档,哪些不需要归档产生疑问和混淆。按照国家档案局制发的《机关文件材料归档和不归档的范围》的规定,除了应归档的文件材料,下面是不归档的文件材料范围:

第一,本校制发的重要文件。一般除特别重要的文件可保留2~3份外,凡同一份文件均只保留一份,同时保留该文的草稿、定稿。

第二,本校或不相隶属机关印发的无查考利用价值的一般事务性、临时性文件,如会议的临时通知,要求上报文件材料的公函,洽谈工作的介绍信,外单位不属于主要职能活动的一般文件,如启用印信的通知、节假日放假通知等。

第三,未经签发的文电草稿、一般性文件除定稿外的历次修改稿、铅印文件中除主要领导人亲笔修改稿和定稿以外的各次校对稿。

第四,询问一般性问题、提出一般性建议或意见的群众来信,无特殊保存价值的信封。

第五,学校内部互相抄送的文件材料。

第六,本校负责人兼任外单位职务形成的文件材料。

第七,从各方面搜集的参考性文件材料。

第八,相关负责人参加非主管部门召开的会议带回的不需要贯彻执行和无查考价值的文件材料。

第九,其他单位任免、奖惩非本校教职人员的材料。

第十,非隶属单位或越级抄送的一般的不需要办理的文件材料。

第十一,上级召开的重要会议文件,同级单位之间协商工作的往来文件以及下属部门年度以下的总结、统计报表、一般专题的报告等不必备案的文件材料。

(二)不归档文件的处理

除了存档的文件材料以外,对不存档材料,一般可采取以下办法处理。

▶▶ 1. 销毁

每年(学期或学年)初,学校档案部门应组织各部门做好各类文件材料的及时清理工作。除归档的文件材料外,及时将不需存档的文件材料进行清理和销毁。但需要对销毁的机密文件造具清册,由领导签字后销毁。

▶▶ 2. 退还

对学校向教师借用的资料退给本人自行留存。对征求意见稿的文件及时退还反馈给业务部门,以便在今后修改资料时参考。

▶▶ 3. 保存

对兄弟院校赠送的管理工作或教学经验介绍材料,或通过各种途径收集到的参考资料等,在分类整理的基础上装入相应的参考资料文件盒,供以后教学或工作参考。

▶▶ 4. 入馆

对兄弟院校或出版社等交换或赠送的自编教材、讲义、书籍、教学参考(复习)资料,可以送到学校图书馆或有关系、部的资料室收藏、保管,便于日后查考。作为一种专业档案,学校档案工作要结合学校工作的特点,不断完善档案具体管理的制度和办法。

第三节　文件材料的收集工作

一、收集工作的意义

档案资料是档案工作的物质基础,是提供利用服务的基本条件。由于学校在办学的各项活动过程中形成了各种类型的大量的文件材料,而这些文件材料在未收集归档之前是分散游离在党政管理、教育教学、科研等许多活动过程中的。将档案资料收集齐全完整,才能更全面地反映学校工作历史的真实面貌。

在档案管理系统中,收集、整理、编目、检索、鉴定与开发利用等工作环节,构成了各个不同的分项工作系统,各分项工作又相互依赖、相互依存、相互作用,共同发挥档案管理的系统功能。在这个系统中,档案收集与开发利用最为密切,更具有明显的互动作用。在收集的基础上通过有序的整理,方便提供利用。因此,要使收集工作疏而不漏,保证有完整的高质量的档案材料提供利用,除了加强档案意识和档案知识的宣传教育外,还必须扎实地做好收集工作。

二、文件材料的收集

收集工作是档案工作的重点,也是一个难点。因为我们要收集的档案在很大程度上处于不确定或稍纵即逝的状态。收集工作应注意树立广大教职工的档案意识,发挥基层人员的作用,调动全员参与的责任,这是做好学校档案工作的重要一环。

（一）收集

在文件材料归档制度指导下，由各职能部门把所主管的业务活动形成的文件材料收集齐全，向学校档案部门移交。

（二）档案的收集工作应遵循以下原则

▶▶ 1. 保证档案材料的完整、准确、系统

凡在教育教学、管理、科研等活动过程中形成的对国家和学校具有保存利用价值的文件材料都应尽可能收集归档，尤其是学校在各项工作活动中形成的重要文件以及相关材料必须收集齐全，以反映出学校各项活动的基本面貌。

▶▶ 2. 收集注意体现学校档案室藏及特色

所谓特色，是指"事物所表现的独特的色彩、风格等"。学校档案室藏特色，即学校收集归档的档案中最能反映本校教育教学活动的专有内容和档案形式。特色档案的重点在本校的教学档案方面，例如，本校的办学经验，主体专业建设、精品课程、教育教学改革材料，优秀教师及名人档案、典型教案、优秀学生论文（作业）、优秀毕业生材料等。各校要根据办学实际，建立一个成分和结构合理的室藏体系。即在丰富和保证档案收藏的同时，还要讲求室藏档案门类结构合理，质量优良，内容完整精炼，为开发利用工作提供保证。由于本校产生的文件材料是自己独有的，其中，又尤以学校的教学档案为重，每所学校的教学档案都是孤本，所以，每所学校都应将其收集工作重点放到教学档案上，并逐步建立有学校特色的档案馆（室）藏体系。

三、收集方法

档案收集工作是广角度、多层次的。要重视现行文件材料的归档。学校档案收集的方式主要有以下几种。

第一，随时收集。在一项工作完结后，及时将有关资料收集归档。在部署工作时，同时安排对文件资料的归档要求，逐步形成良好的工作习惯。对于基建档

案、照片档案、荣誉档案等则在项目完成后应随时收集,收到事半功倍的效果。

第二,制度归档。归档制度是使文件材料流向档案管理部门的规程,是为文件材料的收集所做的制度保证。根据学校文件材料的形成规律,在开展各项工作时,要同时关注文件材料的及时收集归档。即在归档管理办法的指导下,根据文件材料的实际情况,按照公元年度、教学年度分别收集。一般每年 3 月为党政管理、财会档案收集月,10 月为教学档案收集月。

第三,主动征集、上门收集。在日常工作中,有的人档案意识不强,办完一件事,文件材料没有及时归档,需要时文件早已不知去向了。在归档问题上,由于人们的认识不一致,该归档的材料有的人不愿交出来,是担心使用时不方便,档案员去要多次也收不上来。因此,这就需要档案部门一是发挥工作的主动性,多说服动员,努力把该归档的文件材料收集齐全。二是尽可能地参加到某些活动中去,了解活动的过程,随时注意收集材料。三是对重要的或散失的文件材料,精心核查寻觅,还要采取主动上门征求的办法进行收集,弥补某些重要材料的空白。

第四,复制。对散失的或孤本档案,采取复制的办法进行收集。

第五,接收。接收的档案。主要是撤销学校、撤并组织的档案,还包括接收内部撤销机构、单位的档案。

第六,接受捐赠。主要是校内校外的校友所做的捐赠。

总之,档案资源是一个长久不断的积累过程,档案收集是一项经常的、深入、具体的工作,不可能一劳永逸。应该坚持随时收集和集中收集相结合的办法。

四、收集的重点环节

(一)重视做好日常归档工作

平时的积累工作。老的档案工作者积累了很多行之有效的办法和经验,但对于新从事档案工作的人员,有可能不知从何处入手,那么,下面介绍的一些工作是做好平时归档积累的基础。

》》 1. 抓住文件源头归档

也就是说要十分重视文书处理环节,通过建立文书处理归档制度,保证文件材料的齐全。

一是收发文件及时登记。不管是其他机关、单位通过何种渠道给学校的外来收文,还是学校自身印制的文件,都应分别进行收文、发文登记。收、发文登记是文件出入的必经关口,做好收、发文的登记,是清楚地把握文件的流向,保证文件材料归档的重要措施之一。

二是做好文书处理的印鉴环节。把好用鉴归档关,就是在文件用印后,随即留下归档的文件。这样,在很大程度上就避免了文件材料的散失,比起事后收集,能收到事半功倍的效果。

由于各校的管理体制不一样,所以工作分工也不同。很多学校的档案部门是隶属于学校行政办公室的,与文书处理部门的关系就密切些,上述有的环节甚至是档案部门的工作任务之一,就容易把握或控制。对那些档案部门是独立设置的学校,就需要建立相应的制度,使学校文书处理部门以及所属各单位与学校档案部门密切配合,落实相关的归档责任。

2. 差旅费与归档挂钩

通过建立相应的制度,督促归档保证外出参加会议或考察人员获得的资料归档。

3. 正本优先归档制度

即在办理公文时,首先留出发文底稿,文件的正本及1~2份归档,以免在办理过后遗忘或散失。也是要求文件随时办理随时归档。

4. 检查总结拾遗补漏

在对部署的工作、科研项目进行中期检查,或一项工作结束时,或对文件整理收盒时,有针对性地对应归档的文件进行检查,看文件是否办理完毕,已归档或应归档的文件是否完整齐全,还要看文件材料的字迹、用纸是否符合归档要求,以便及时发现问题并及时采取相应的补救措施。

5. 及时整理归档文件

档案部门要形成严谨有序,及时对归档的文件进行整理的工作习惯,防止归档材料的积压,或事过境迁带来的应归档的文件材料难觅踪影的麻烦。

(二)明确重点收集项目

要使文件材料收集齐全完整,收集工作中,需要重点把关。在收集或划分保管期限时,对下列文件资料要重点收集,特别强调以下几点。

一是关系到学校的长远利益或经济利益的文件资料。

二是涉及学校的征地、扩建,规划、搬迁,地籍红线、房屋产权,水、电、网络等管线方面设计及建设图,相关的合同、协议。

三是有关学校组织机构资质、章程,编制批复。

四是学校利益及教职员工个人利益方面的凭证性文件材料,比如:人事任免、奖惩,人事录用、转正、聘任、调资、定级、考核以及停薪留职、辞职、离退休、死亡、抚恤,职工租赁事项的合同、协议和手续等。

五是重点项目、重要事件、重要人物的档案等。

上述文件材料不仅是收集的重点,而且也要列为永久保管。对有些材料甚至要复制备份,异地保存,以防万一。本校有关干部职工个人利益的文件材料均属于永久保管的范畴。除了学校领导人以及本校内部机构领导人的任免材料外,凡是涉及师生员工个人的切身利益的文件材料全部列入永久保管范畴。其中,先进单位、劳动模范、优秀教师、先进工作者、先进科研成果等文件材料,受县级以上表彰、奖励的存永久,受县级以下表彰、奖励的存 30 年。

档案收集上还要防止重结果轻过程的倾向,注重对教育教学过程中产生的文件材料的收集,维护档案的完整性。同时,也防止重要文件材料的遗失。例如,科研成果的鉴定,某项中心任务结束后,没有档案部门接收相关档案材料的签证,便不能算工作的最后结束。

总之,档案收集是一项很具体和复杂的工作,而且是"稍纵即逝",在工作中只有采取灵活多样的方式才能取得好的效果。

第四节　归档文件的整理

一、文件材料归档与鉴定

(一)归档整理工作

归档文件材料的整理工作,就是按照科学的方法、规则,将零乱的和需要进一步系统化的文件材料组织成有序的单位,使之有效地提供利用的环节和过程。换句话说,将归档文件材料转化为档案之前的过程就是归档文件材料的整理。这里包括以下几层含义。

其一,是一种对收集起来的文件材料进行加工的过程。现行的文件还不是档案,而没有进行加工的档案就像大海捞针,不能有效地提供利用。只有经过科学整理的档案才能在人们需要的时候更好地提供利用。

其二,归档文件材料的整理是将无序的文件材料有序化和系统化的过程。所谓系统化,即在整理时,按照文件材料的来源、形成的时间、重要程度、形式等方面的不同特点,将文件材料进行基本的分类、组合、排列和编目,组成有序体系。保持文件材料之间的各种有机联系,使其能更容易地被检索和反映内涵。所谓有序化,是将文件材料按照一定的规律进行编排,使其系统脉络明晰,因果关系清楚,便于查正。

其三,文件材料的整理是按照科学的方法和规则进行的,是一项专业技术性的工作。

对归档的文件材料进行科学的整理是档案室(馆)的主要任务之一。通过收集工作集中到档案馆(室)的档案,只有经过科学整理,使零散的文件资料实现条理、秩序,并将其中的关键成分通过整理凸现出来,才能有效地提供利用。因此,文件材料归档整理工作是档案业务的中心环节。

(二)文书档案的鉴定

在文件材料归档、整理的同时,还要对其真实性和价值的高低进行鉴定。"档案鉴定就是鉴别和判定档案的价值,挑选出有价值的档案交档案机构保存,剔除无保存价值的档案予以销毁。它直接决定着档案的存毁,是档案管理中最重要同时也是难度最大的一项工作"。在此之前,制定各类文件材料的归档范围和保管期限表,也是对归档文件材料的价值鉴定的过程。档案部门应定期对文书档案的保存价值作鉴定,即根据文书档案的现实价值和历史价值,以及保管期限的有关规定,对所藏各案卷的保存价值加以科学的估量,对仍有保存价值的文书档案继续保存,对无保存价值和已满保管期限的文书档案定期剔除,经审批后销毁,进而使档案室保存的案卷具有较高的质量。

二、文件材料整理工作原则

开展文件材料整理工作要注意把握以下原则。

(一)遵循文件材料的自然形成特点和规律

学校档案是在学校各项教育教学活动中产生的,真实地记录和反映了学校活动的历史面貌,文件材料整理工作应维护学校工作内在有机联系的整体性,顺应文件材料自身的形成特点和规律。其中,包含以下三层意思:在整理文件材料时,一是注意活动的整体性,如:要求正式会议、某项活动形成的文件要保持其齐全完整;二是要注意文件本身要完整,像文件的正文与附件、请示与批复不可分割,即注重文件材料之间的内在联系;三是在对文件进行分类和排列时保持文件材料之间固有的自然次序,如归档文件整理依照会议通知、报告、决议,重要文件的初稿、讨论稿、修改稿等自然形成过程加以排列。

(二)保持文件材料之间的历史联系

所谓文件之间的历史联系,就是文件在产生和处理过程中所形成的内部相互关系。文件之间的历史联系,主要表现在文件的来源、时间、内容和形式等几个方面。

▶▶ 1. 保持文件来源的相关性

不论是本校产生的,还是上级针对本校下发的指示性、指导性文件材料,或者相关的批示、批复,本校编印的简报刊物定稿和印本,编辑出版物的定稿、样本等,这些文件材料之间已相互构成了来源方面不可分割的联系。因此,只有在保持文件来源方面联系的前提下,文件的时间、内容、形式等方面的联系,才能更深刻地反映文件形成的活动面貌,体现档案作为历史记录的特点。

▶▶ 2. 保持文件时间上的联系

学校在开展教育教学活动时,都有一定的过程和阶段性,使文件之间具有一定的时间联系。整理档案时,应该注意保持文件之间这种时间联系。

▶▶▶ 3. 保持文件内容的完整

归档的文件应该齐全、完整,同时,"所收集的档案材料必须是原始的、真实的,都应该是原件,要杜绝以复印件代替原件归档的做法,要保持文件材料的真迹,维护其历史全貌"。

▶▶▶ 4. 保持文件在形式方面的联系

如果是在部门立卷制下完成归档工作,要通过规范的档号显示归档文件的内涵,保持归档文件有机联系。对于不同载体的归档材料,要充分发挥现代化的管理效能,无论归档材料的实体划归在哪一个类目中,利用计算机检索,应把同一事由的归档材料联系起来,反映出来,使利用者能得到完整的档案信息。

(三)保存档案工作基础

我们所做的工作都是在前人的基础上进行的。学校档案在形成的过程中融入了许多他人的劳动,而且也直接体现了人们历来整理和保存档案的情况和成果。因此,在整理档案的时候,应该做到以下几点。

▶▶▶ 1. 尽量不进行拆卷整理

即对已经立卷和整理有序的案卷,或整体接收的有规可循、有目可查的档案,不要轻易地拆卷或打乱原有的整理体系重新整理,这一点应该坚持和强调。一般来说,要对零散文件进行必要的加工整理。

▶▶▶ 2. 维护档案原有的形式

对部门整理归档的档案,应当充分研究和利用原来案卷、检索工具等整理的成果,力求保持已整理过的原状。对先前整理不当以至明显错误的,可通过业务指导的方式加以改动和纠正。

(四)必须便于保管和利用

在对档案进行有序化的过程中,应当满足维护档案的安全和有效地提供利用的目的。现在,档案的计算机检索正在不断地发展中,通过计算机对档案信息进行科学管理,实现把分散在不同类目中的同一事由或问题的档案信息快捷地检索出来,这也是保持归档文件在档案信息上的联系的最有效的方式,同时,有利于档案的成套利用。

三、整理程序

整理的环节使文件材料有序化、科学化。学校文件材料整理工作内容主要包括:全宗内档案的分类、组卷、卷内文件的整理、案卷的装订和案卷目录的编制等。整理文件材料主要包括以下基本环节。

(一)实体分类

档案实体分类,主要是从档案信息的物理形态进行的保管、排架、存放等工作。"在档案实体分类中,第一层次是国家全部档案的宏观分类,它为规划国家档案馆网系统,建立各级各类档案馆提供理论依据。档案馆内的区分全宗是第二层的分类,全宗内档案分类是第三层的分类,它根据全宗内档案的来源、时间、主题内容和档案的形式等标准,将全宗内档案进一步系统化,直至建立起档案的最小保管单位——案卷"。档案文件材料的整理就是进行这样的分类。

(二)整理

这里指通过进行具体的有序化工作将归档的文件材料组成保管单位以方便查阅的程序。这种整理工作并不是单纯、孤立的。文件材料整理环节应与文书处理工作相衔接,查疑补缺,保证疏而不漏。例如,有请示还应有批复,重要文件的征求意见稿、讨论稿、定稿齐全;文件的附件情况;与首次签订的合同、协议相关的补充合同、补充协议;批示与办理情况;计划与总结等,都必须环环相扣,与文书处理的结果和归档责任保持紧密的联系。如果哪一个环节出现了缺失,归档就不可能完整,也将给今后的利用带来困惑。

(三)编目

以案卷级进行整理时,卷内文件整理结束后,要对案卷封面项目进行标注。

狭义的编目是指对归档文件编制引导目录等工作。归档文件目录包括件号、责任者、文号、题名、日期、页数和备注七项。

广义的编目还应该包括对档号的编制。档号是档案实体管理编号的总称，它包括全宗号、类目名称、卷盒号或案卷号、保管期限、件号和页（张）号等。其中全宗号是档案馆指定给每个全宗的代码；案卷号是档案馆、室内案卷排列的顺序号；件号是卷内文件的顺序号；页（张）号是卷内每页文件的顺序号。

四、分类

（一）制定科学合理的分类方案

学校档案数量庞大，内容包罗万象。档案馆、室无论是从保存还是提供利用的目的，都必须对档案进行科学的整理，使那些原处于纷繁复杂状态下的各种文件资料在需要时能够及时便捷地提供利用。因此，就需要对所收集的各种文件资料进行有序的组织和控制。把所收集到的各种文件材料组成规范有序的系统。档案管理方法的理论属性是在档案文件之间建立起某种便于管理、查找利用的操作体系。简单地说，档案管理的核心问题，就是使无序状态的档案有序化。在档案全宗理论的指导下，学校档案也是"在全宗和综合体内再按档案内容、来源、产生时间、制成材料、形式上的异同等内容和形式特征，划分成若干层次与类别"，"我国档案馆、室的档案材料，是按全宗和综合体进行整理和保管（文书档案按全宗管理，科技档案按产品、工程、课题等综合体管理）。档案分类是使档案实体从无序到有序，从零乱到系统化的过程，最终形成一个互有联系的整体"，从而方便对档案的保管与利用。档案分类就是一种行之有效的有序化方法。在学校档案整理工作中，只有对成批的归档文件进行分类，才能开始立卷和编目，固定与排放位置，将归档文件构成一个可以有效利用的有机整体。

由于各个学校的情况不同，为了保证学校档案整理工作科学、有序，在开展档案整理之前，档案工作人员应了解本校各项工作的特点，把握全校档案的基本构成。结合学校的具体情况，可根据《高等学校档案实体分类法》和《高等学校档案工作规范》的原则与要求，制订出适合本校的切实可行的档案分类大纲及编目、排架方案。而且，在进行分类整理时，既要考虑教学活动涉及的范围，又要照顾到不同的载体形式,以方便收集和保管。

刚开始运行分类方案时,可进行一些调整和修正。分类方案一旦确定,就应有规律地进行,保持其连续性和相对稳定性,不能根据一时需要随意更改,以免给将来的查找利用带来不便。

(二)学校档案的分类

▶▶ 1.档案的分类

"档案管理的基本方法是分类,分类是档案管理方法的核心与基础"。"像所有管理一样,其管理的具体目标是使被管理对象有序化,即在被管理对象中建立起某种符合客观规律并便于人们对被管理对象进行有效控制把握的秩序"。档案分类是一个理论性和实践性都很强的复杂问题,档案的分类有多种方法。这里,我们主要从学校实际工作出发,结合《归档文件整理规则》,对文件材料采用合理、简便的整理方法进行探讨。

前面在第一次分类时,是从文件材料的内容上加以区别。第二次分类是根据文件资料的来源、时间、主题内容和档案的形式等标准,将文件资料进一步系统化,直至在物理形态上将其分别归入档案的保管、识别单位——卷盒。

《归档文件整理规则》所指的分类,即在区别归档文件的来源、时间、内容和形式等方面异同的基础上,把年度内的归档文件划分组织成若干单元和层次,使全宗内档案构成一个文件体系的过程。

▶▶ 2.基本分类法

档案基本的分类方法有以下三种。

第一,年度分类法。年度分类法就是根据形成和处理文件的年度对归档文件进行分类。

第二,机构(问题)分类法。这种分类法也可以理解为机构分类法与问题分类法,但在制定分类方案时,机构分类法与问题分类法两者不能同时用。应根据机关归档文件的实际情况选择其中的一种。机构分类法即以文件形成或承办处理的职能单位对归档文件进行分类。问题分类法就是按照文件内容所涉及的问题对归档文件进行分类。

第三,保管期限分类法。保管期限分类法就是按照归档文件的不同保管期限对归档文件进行分类。在采用保管期限分类法时,按照结合本校实际制定出档案保管期限表进行。永久保管,主要是反映学校教育教学活动和基本历史面貌的,对本校建设和历史发展有长远利用价值的档案。定期保管,主要抓住反映学校常规性的工作活动,在较长时期内或在短时间内对本校工作有查考利用价值的档案。其中,比较重要的文件材料定为 30 年保管期限,短期内有查考价值的一般文件定为 10 年保管期限。

不同保管期限的档案分别编号。在实际工作中注意一般不要将两三个保管期限的文件混在一起。在以上三种基本分类方法的基础上,可以组合成多种复式分类法。而且通常在进行档案整理时也大多是采取将几种分类法综合运用。

(三)各门类档案实体分类编号与排架

按照分类法的要求,高校档案的这十大类别,可以为一级类目。而在进行二级分类时,可以在保留分类法中规定的二级类目的基础上,根据各自学校的归档文件材料的实际情况予以增加。例如,根据高等学校中党建组织工作发展的实际情况,可以在党群类目下增设党建或党校类,但一般不再删减二级类目,以维护高校档案实体分类相对的统一性,有利于学校档案资源共享。

组织库藏编号时,先按一级类目排列后,再按二级类目排列编流水号。这样编号查找时快捷方便。提供利用时即便不查检索工具,只要知道档案的所属年代、大概内容,就可以直接从架上查找到。在编号时,还要注意保持代号的统一,不要经常变动,以免影响到档案的查找以及计算机管理。

五、档案整理原则

档案整理的原则是指在整理档案的过程中必须遵循的准则,也就是整理各门类档案总的质量要求。在高校档案整理的两个阶段中,虽然档案整理的原则基本上是一致的。但在整理的不同阶段中,档案所处的状态与档案整理工作的具体内容,还是有区别的。

六、档案整理意义

档案整理是高校档案管理基础工作中的主要环节,对于高校档案管理工作的其他各个环节都具有直接的影响。因此,档案整理工作的重要意义主要表现在如下几个方面。

(一)档案整理是高校档案信息化建设的基础

高校的档案整理,基本上包括两个方面:一方面是对纸质档案实体进行系统的分类、划分保管期限、组卷、排列、编号、编目等工作,这就为通过手工录入、直接扫描、罐微胶片转换等手段实现案卷级或文件级目录的数字化和档案全文数字化打下了基础;另一方面是将收集积累的电子文件进行分类、排序、组合直至建立数据库、这也为建立目录数据库、全文数据库以及文档数据库创造了前提条件。未经整理的档案,每份文件没有固定的位置与编号,没有系统的目录,要想建立学校统一的文档数据库、实现案卷级或文件级目录数字化和档案全文数字化是完全不可能的。

(二)档案整理是档案提供利用的前提

无论学校教职工还是广大学生利用档案,都要求及时准确地调出档案未经系统整理与编目的档案,查找起来好比大海捞针一样困难。档案经过系统整理、编目、输机、排列、上架,需要利用什么档案,档案管理人员就能得心应手地及时提供档案。所以说,档案整理是档案提供利用的前提。

(三)档案整理便于档案的鉴定、保管、统计、检索和编研

档案经过了系统整理,便于档案的鉴定、保管、统计、检索和编研等环节工作的开展。在档案整理过程中,按文件的不同保存价值进行组合,这就为档案的鉴定工作打下了良好的基础,而且还去掉了文件上的金属物,也为档案的保管提供了有利的条件。档案经过分类、组合、排列、编号、编目等系统的整理,就有了统计的基本单位和赛统的卷数件数,不仅便于档案统计工作的顺利进行,而且在编制档案参考资料时,可以通过目录系统检索和利用档案材料。

档案整理就是通过对档案分类、划分保管期限、组卷、排列、编号、编目等工作,使档案变无序为有序的过程。档案整理工作,按其内容与程序可以分为区分全宗、全宗内档案分类、划分文件的保管期限、组卷、排列、编号、装订、编目、上架、编写"立档单位与全宗说明"等步骤。由于被整理档案的种类或制成材料各不相同,档案整理的步骤与方法也不完全相同。需要说明的是,就一个立档单位而言,除档案馆(室)接收合并或撤销单位的零散文件材料外,在现行高等学校实行文秘部门和业务部门立卷归档制度的情况下,在整理归档文件材料时,一般就不存在区分全宗的工作。

第三章　高校归档材料的整理

第一节　公文立卷的基本方法

一、归档文件整理的要求

对归档文件材料进行整理的一个环节是立卷。文书部门按照文件材料在形成过程中的依存关系,将已经办理完毕的具有查考利用价值的文件材料组成具有内在联系的案卷单位的过程叫立卷。

立卷不仅是文书部门整理与保存文件的一种重要方法,也是档案整理工作的重要环节。立卷是学校全宗内文件分类后的进一步系统化,它是档案整理的一项重要的基础性工作。在国家教委发布的《高等学校档案实体分类法》中,将高校档案划分为党群、行政、科研、基建、设备、出版物、教学、财会、外事等十大门类。这十大类档案过去大多是以纸质档案存在的,其中党群、行政、外事这三大类均属于管理性文件,过去被称为文书类档案,所以对实行了《高等学校档案实体分类法》的高校,文书立卷改革最初是界定在党群类、行政类范畴内。教学、科研、基建等归档的材料基本属于业务性、专业性技术文件,除了过去被称作为科技类的档案。

二、文书材料整理方法的改革

(一)文书档案立卷整理改革

档案案卷是档案工作过去常用的一个词。所谓档案案卷是"按照一定的特征编立的、具有密切联系的若干文件的组合体"。所谓以"卷"为单位,就是将属于同一方面共同特征且密切联系的文件综合在一起组成一个单位,装订成册后加以保管。早期,档案的整理曾经是以"卷"为单位进行的。就是将零散的内容相同或相近的一组文件资料组合在一起,编写目录,装订成一本"案卷",以提供利用。这就是所谓的立卷整理。立卷是档案整理一项十分重要的工作,也是对档案整理工作进行评估的重要内容。《归档文件整理规则》以"简化整理、深化检索"为宗旨,推行档案整理工作的改革,其关键是将过去归档文件以"卷"为单位整理,改为以"件"为单位整理。中国大百科出版社出版的《归档文件整理工作指南》(以下简称《指南》)中明确,标准是针对文书档案立卷工作的。

(二)"卷"与"件"的区别

卷,也称案卷,是指在档案整理中针对某一问题或某一工作活动,将具有内在联系的文件材料组合成一个集合体。

件,原指可以一一计算的个体事物。在归档文件整理中是反映某一问题或工作的每一份文件材料的物理单位。所谓以"件"为归档文件的整理单位,《归档文件整理规则》中明确为:"一般以每份文件为一件,文件正本与定稿为一件,正文与附件为一件,原件与复制件为一件,转发文与被转发文为一件,报表、名册、图册等一册(本)为一件,来文与复文可为一件。"

"件"是单体,"卷"是组合体。"卷"是多"件"文件组成的。

"卷"是以案卷为保管单位,"件"是以文件为管理对象。

档案案卷编号与《归档文件整理规则》编号的区别:过去以卷为单位进行整理时,除了编案卷号以外,还要对卷内的文件逐页编页号。不但手续繁杂,而且在编页号的时候还常常容易出错。进行立卷改革后,利用每份文件自身有的页号,编号是以件为单位,同一个保管期限内,文件按排列顺序编顺序号,已减去了编写页号的程序。

三、立卷改革的意义

文书立卷改革是适应档案管理科学化、现代化的需要。根据国家档案局的要求,凡有条件的机关档案部门都应推进《归档文件整理规则》。这样做,旨在规范归档文件的整理方法,因为计算机检索是档案管理发展的必然趋势,而目前我国档案管理正处于手工检索与计算机检索的交汇时期。在这一时代背景下,为适应计算机管理的需要,对过去已习以为常的归档文件分类方法和立卷方法的改革显得十分重要。立卷改革也是为实现文档一体化管理创造条件。

四、如何正确理解《归档文件整理规则》

由于档案立卷是一项复杂的技术工作,如果对文件材料或档案工作缺乏足够的理解,就很难把握好立卷。立卷是由文件卷宗发展而来的。20世纪50年代时,文书处理在文件归档之前先把相关的文件放在一个卷宗夹内,这种形式是后来预立卷的雏形。

作为我国档案工作的业务规范,《归档文件整理规则》主要是针对文书档案整理而言,其关键是取消过去以"案卷"为单位的立卷工作,改为以"件为单位进行装订、分类、排列、编号、编目、装盒"。从多年的文书立卷整理改革论证和实践来看,《归档文件整理规则》的反响主要体现在以下两类。

赞成者认为:采用案卷的形式整理档案给卷内文件和不同的卷之间文件的调整带来不便。取消立卷、废除案卷是与国际接轨,提高了案卷标准化程度,而且最大的好处是适应计算机管理档案的需要,有利于档案的现代化管理,还可以减轻档案人员的劳动负担。

反对者则认为,实际上,采用文件级整理对档案工作量并没有明显的效果。一般来说,《归档文件整理规则》更适用于文书档案的整理,其他类别的文件材料也可以参照执行。由于文件形成单位的性质、职能、所产生的文件资料情况千变万化,文件整理所采用的方法也是灵活机动的。针对《归档文件整理规则》应用中的问题,中国人民大学陈兆教授曾提出了"区别对待,讲究效益,统筹兼顾"的设想。在运用时主要从以下三方面加以把握。

第一,"各种类型的文件形成单位和各种门类的文件应采用适合其具体情况的方法、技术,不必强求一律";或者说,在对不同的文件材料进行整理时,也可以保留案卷级整理。

第二,文件整理工作也应讲究效益。而且,采用新方法、新技术,"收益一定要大于投入"。

第三,"文件整理不仅仅是立卷问题,还涉及分类、划分保管期限、装具、编目、归档制度、向档案馆移交制度等诸多问题,应统筹兼顾,综合考虑"。应该说,陈兆教授的这个设想切合高校档案整理工作的实际。因为高校档案种类多,档案构成各种各样,整理肯定不能是一种模式。所以,在具体整理时,一定要具体情况具体分析,使用最佳的,最有利于提供利用的整理方案。

五、文档的建设思路

我们必须明确,档案评估不仅是档案部门的事,而是一项涉及全校的系统工程。凡计划进行档案管理定等升级的学校,档案部门首先要对自身条件进行准确的估计,确定一个适当的通过努力可以实现的工作计划,并向学校领导汇报。当学校决定开展档案管理迎接评估工作后,要成立相应的工作机构,明确领导,落实工作任务,以保证各项工作扎实开展和有序进行。在筹划工作时,档案部门的负责同志要将工作的目标、实施方案和存在的问题,明确需要重点解决的问题,向主管领导汇报,争取得到支持。特别是在落实必要的硬件建设方面,争取给予资金的投入。

学校档案管理评估是一个以学校为主体的自我完善过程,要紧密结合日常工作进行。为了通过评估切实改善和促进工作,学校档案评估最好采取目标管理的方法进行。所谓目标管理,是指管理者与被管理者共同确定总目标,把总目标转化为部门目标和个人目标,管理者通过目标,对所属部门和每个成员进行管理。通过对实施过程的管理和成就的评估,促使各部门、每个成员自觉地朝着预定的目标努力工作,以实现整体目标。

运用目标管理的理论和方法进行学校档案管理,开展档案管理评估迎检工作,首要一环是确立目标。涉及从学校层面到档案工作部门,从各职能部门到专兼职档案工作人员,都要有奋斗目标。学校教育目标是总目标,部门和个人的目标要为实行总目标服务。确立目标,要把学校的目标和评估标准告知档案工作人员。学校确定的目标要切合实际,既不能定得太高,也不能定得过低,是经过努力可以实现的。其次,要对实现目标的情况进行自我评价,明确需要重点解决的问题,以对症下药。最后,要对实现目标的全过程进行有效的管理,按工作进程和阶段,及时进行检查、督促,反馈相关工作情况的信息,努力解决存在的问题,协调指挥和行动。要充分发挥学校专兼职档案工作人员的智慧,促使他们主动地实现分项目标。

凡计划进行档案管理定等升级的学校,首先要对自身条件进行准确的估计,确定一个适当的通过努力可以实现的目标。学校档案部门要按照等级标准,结合本校的实际情况,认真做出上等定级规划。在了解现状,摸清家底的情况下,根据学校档案工作实际情况,制定出档案管理达标工作方案甚至实施细则。档案部门要根据计划认真组织实施。为了保证各项工作的完成,各校可根据档案工作的实际情况,分阶段地选择工作的目标和方向,循序渐进,由初级目标向高级目标迈进,扎实做好每一项工作。同时,划分职责,落实分项工作任务,最好要明确各项任务的相关责任人员,明确各岗位在目标中的具体工作职责和工作内容,把工作落到实处。

决定开展档案评估的早期,应从学习评估标准开始介入。学校档案部门要组织对评估标准进行认真的学习、讨论,对评估指标体系的内涵加强理解,吃透精神。对本校档案工作的软、硬件情况进行摸底,明确重点工作的内容,然后对照要求制定工作方案。要采取相应的措施,将单纯的业务管理转换为全面的管理,努力保障各分项目标的实现,使各项建设工作达到相应的验收标准。

第二节　学校归档文件材料整理的方法

一、学校档案中"件"的确定

前面介绍了党群及行政管理性的文件采用文件级管理,相对比较容易理解和掌握,而学校档案管理与企事业单位相比有其特殊性。学校的其他类档案如果按《归档文件整理规则》(以下简称《规则》)模式进行文件级管理,则应遵从档案形成的规律、基本特征、共同属性。"《规则》适用于高校其他门类档案的分类,主要是要解决好机构(问题)分类法的运用。机构(问题)分类法的实质是按归档文件的来源划分,即来源于统一机构或同一问题的归档文件为一类,是档案分类原则——来源原则在不同分类层次的体现。科研档案、基建档案的成套性是其重要的属性",因为学校档案的门类多,档案业务性较强,情况复杂,除了党政管理类档案外,学校档案中其他几种业务门类档案的"件"有时也不易认定,实际工作时可采取以下办法进行理解和把握。

教学类档案:教学计划、教学大纲都可以以原有的"本"为一件。难以把握的,如学籍档案等,可以以一个班级为一件自编、主编教材等以本(或册)为一件;著作以"本"为一件;论文以篇为一件;招生录取表可以分别以本科生招生录取登记表、硕士生招生录取登记表为件,也可以一个地区的录取表为一件;奖学金发放表以材料内容的多少,以班级或年级、专业名册为一件:相关的统计表格为一件。总之,"件"的确定应尊重文件材料的形成规律,便于查找利用。

科研类档案:科研类归档的资料,以每项成果(或课题)研究的各个阶段的成果为件的单位。

基建类档案:基建类档案还包括建设、结算、维修报建等内容的文件资料。此外,很大部分是设计、竣工验收等图纸资料。在进行整理时,应视文件材料的具体情况确定。凡合同、图纸会审等文件类,可以其单份自然的构成为一件。图纸的情况分以下两种。

一是新建的项目,其图纸是成套的,尤其是大中型建筑,图纸有几十几百张之多。这时可以按照图标,将同类的图纸,如平面图、结构施工图、电施工图、水施工图等分别组成"件",或仍然采取案卷级的管理方法立卷。报建审批的文件按文件材料的原有形态或适当加以归类组件。

二是维修或其他扩建、改造项目,以其竣工验收自然形成的材料为"件"。

尽管如此,客观地说,不可能以"件"取代所有的"卷"。在实际的档案整理工作中,还是要根据有利于管理和查找利用的需要,采取"区别对待,讲究效益,统筹兼顾"的策略,灵活确定。"重点应该放在简化立卷质量要求上面,不搞一律化,不搞一刀切"。对于其他种类的档案,根据归档材料的具体情况,采用卷与件结合的方法进行整理。适宜立卷的还是立卷。例如,教学类档案、科研类档案、声像类档案等,以每件事由立卷,卷内再根据情况来划分具体归档的"件"。

二、整理方法的运用

在学校归档文件材料整理的实践中,也会遇到不适宜按文件级原则整理的情况,通常可以综合灵活运用某些整理方法。

(一)"件"与"卷"相结合

按照《归档文件整理规则》的要求,党群类、行政类、科研类等档案以"件"为单位进行整理,而对于财会档案、科研档案等一些类型的档案,大多更适合以案卷的形式进行整理的,还是需要订成案卷。

(二)分类法的协调

应该说,文件级档案管理与档案实体分类法之间在管理方法和手段上有同有异。不同的是文件的管理单位有变化,相同的是两者都以年度、问题(机构)分类。

因此,在整理归档文件材料时,可以相互借鉴。在运用《归档文件整理规则》时,可按问题或机构分设一、二级类目。在学校档案分类大体的基础上,一级类目保持"年度—类别(问题)"分类法,二级类目可按机构分类。

(三)疑难问题的处理

在运用文件级整理时,也会遇到某些棘手的问题,这时,应根据具体情况进行处理。

1. 归档文件不足

在归档整理中,有时会出现归档文件材料少的情况。当归档的文件数量少,出现组成的文件材料只有几页或更少的情况,即使用最薄的卷盒也会有余。为了节约或有效利用排架空间,当卷内文件数太少时,可以采取组合叠加的方法:即按"一文一卷"或"一事一卷"确定的案卷,先用印制的软卷皮装订好,根据具体情况,将几个小卷装入同一个案卷盒内,然后在盒上标明盒内所装小卷的起止号。具体组卷时,可采取将立"大卷"与立"小卷"的方法结合起来运用。这样做,可以避免在同一案卷出现多个分类号的问题。同时,这样的小卷也方便查找和利用复制。

2. 区别"件"与"卷"

在实际工作中,与《归档文件整理规则》相衔接时,还要注意:如果是同一类问题的文件,应尽可能地将其集中,合并装订为一个大的"件"。例如,一个教学班级的学生学籍档案,整理后就是一件。这个"件",也就是"卷",即档案盒内的小"卷"。

还有像学校内部各部门的工作计划,一个班级或年级的考试试卷,新生录取登记表等,都应根据具体情况的需要来确定"卷"或"件"。当有的归档文件材料类别不适合用《规则》时,一般来说,凡纸质档案,仍可以按传统的办法进行整理。其他新型材料或类别的档案按有关专业标准进行整理。

3. 插入文件的处理

日常工作中,也会出现整理工作完成了,而后来有插件、补件,或发现有遗漏需要归档。遇到这样的情况,可将应归档的文件登记排列在对应年度同类已归档的文件之后,接续编文件号。或者在相关问题已经固定了的编号的文件后,用件号后面加"－1,－2"的方法解决补充文件或插件的问题。

三、档案的评估

虽然档案评估也涉及学校的管理,但档案评估主要的还是大量的业务工作。像基础业务工作、开发利用工作都是以实际工作成果为评估记分的依据。而且,很多工作都不是靠一时的突击能够做好的。因此,相关工作一定要在平时扎实做好。还需要注意的是,在评估的过程中,要始终坚持实事求是的原则,通过评估,切实落实和解决学校档案工作的机构设置、人员配备、设备添置、档案经费、档案实体管理、案卷质量、人员素质等具体问题,切不可搞弄虚作假,为评估而评估的行为。同时,要通过达标升级活动,切实促进提高学校档案工作的整体水平,切实促进学校档案工作的发展。档案评估与学校已经熟悉的人才培养水平评估、文明高校评估等评估相同,要开展目标管理,实现评估达标实际上是学校的一个很好学习和自我完善、自我提高的过程。在这个过程中,应本着以评估促收集、促内部管理、促利用的原则,按照评估标准的要求,逐条对照,认真做好学校档案管理的各项基础工作。要通过评估工作,使学校档案工作达到促进管理,提高整体工作效能的目的。评审一般是采取看、查、问等方式。专家组开始评审前,先要听取学校的工作汇报。因此,需要准备好档案工作的汇报材料。评审结束后,评审小组会与申请学校交换意见,并将评审意见呈交相关机关审批。档案馆(室)定级升级后,一般要经过两年以上的巩固和提高才能申请晋升上一级。接待工作准备,与上级业务部门联系,掌握评审工作进程,落实专家来校的时间安排,并对迎接评审进行总体部署。做好汇报会场、必要的资料陈列等准备工作,安排好相关的迎检事项。报送评审材料。基本完成建设任务后,对档案分室的工作组织自查,对在自查中发现的问题,进一步完善,把问题解决在专家组进校评审之前。向上级业务部门呈送申请评审的报告。工作的衔接。学校档案部门应主动与职能部门、分档案室或系部进行协调沟通,要求相关人员在岗,随时接受检查。

四、全宗内档案分类

(一)全宗内档案分类的含义与内容

分类是根据事物的相同性和差异性,集合相同的事物,区别不同事物的思维方式。档案分类是根据档案内容和形式的异同,按照一定的分类标准来区分档案的过程。全宗内档案分类,就是对某一全宗按档案的来源、产生时间、内容和形式上的异同进行分门别类。全宗内档案分类实质上是对一个立档单位所形成的全部档案的实体分类,具体包括以下几项工作:一是分类方法的选择,即根据立档单位和全宗的具体情况,决定采用什么分类方法或分类标准;二是分类方案的制订,即具体设置类目,在分类方法确定后,具体确定分几个层次,每个层次设些什么类;三是档案的归类,即设置了类目以后,按照各个类目的范围,将档案归入所属类中,防止不同类别的文件混淆在一个案卷内。全宗内档案分类,是档案整理工作中首要的一步工作,它使档案系统化、条理化,固定了文件归类的位置,为归档文件的组合或立卷工作打下基础。

(二)高校档案实体分类

《高等学校档案管理办法》第十五条明确规定文件材料的归档范围如下。

党群类、行政类、学生类、教学类、科学研究类、基本建设类、仪器设备类、产品生产类、出版物类、外事类、财会类。并进一步指出:"归档的档案该包括纸质电子、照(胶)片、录像(录音)带等各种载体形式。"上述十一大类文件材料的归档范围,实质上就是目前高等学校的档案实体分类,也就是高等学校档案分类的一级类目。与以往的法规相比,《高等学校档案管理办法》确定的十一大类文件材料归档范围中增设了"学生类",并明确学生类档案主要包括高等学校培养的学历教育,学生的高中档案、入学登记表、体检表、学籍档案、奖惩记录、党团组织档案、毕业生登记表等。增设"学生类"档案且与高校其他门类的档案并列成为高校档案门类中的一种,突出了高校档案管理以人为本的原则和重视民生的理念,因为学生是学校的主体,学生类档案是学生在校政治思想、学习、工作、生活的真实历史记录。

在进行高校档案实体分类的过程中,要注意合理处理好各类之间文件材料交叉的问题。例如,高校学生奖惩的文件,一般都要经过学校行政发文作出决定,这些文件是归入行政类档案还是学生类的学籍档案呢?教育部在《高等学校档案工作规范》中有明确规定:"我们的原则是,各门类档案关系密切的管理文件,除涉及全校、全局的外,一般归入相应门类档案保存各类档案中,除密不可分配套的声像材料外,其余均归入声像档案单独保存,在编号上用参见号的方式相互呼应,以方便查找利用。"在"行政类档案中,除综合性的外,教学、科研、产品生产与科技开发、基建、设备、出版、外事、财会等方面管理工作的文件材料就归入相应各类,保持各类的相对的完整、准确、系统,显得更加科学,更便于管理和查找利用"。

(三)档案的多种分类方法

综合性的高校,规模大、机构层次多、档案来源广泛、种类繁多,因而在确定了第一级类目之后,还必须根据各个大类归档文件材料数量与内容等具体情况,设置第二级或第三级类目。也就是说,高校的档案,通常要通过几种分类方法分层联合使用,即对其进行分层分类。在进行高校档案分类工作中,在第一级类目下位的第二级分类中通常可以采取不同的分类方法:党群类、行政类的下位可以采用组织机构分类法;学生类、教学类的下位可以采用问题分类法:科研类、基本建设类、仪器设备类、产品生产类等,可以分别采用以科研项目、工程项目、设备种类、产品种类构成的问题分类法;出版物类下位可以采用出版物、学报进行分类的方法;财会类的下位,可以采用按档案制成材料的不同构成的财务文书、报表、账簿、凭证进行分类。

▶▶ 1. 单项分类方法

单项分类方法,是与复式分类方法相对而言的。国家行业标准《归档文件整理规则》规定:归档文件可以采用年度—机构(问题)—保誉期限或保管期限—年度—机构(问题)等方法进行分类。而且还规定,年度、保管期限为必选项目,机构(问题)为选择项目。尽管上述分类方法,主要是针对党政机关归档文件分类而言的,但是通过实践证明,这种分类方法基本上也适用于高校档案的分层分类。

第一,年度分类法。年度分类法,就是根据文件形成和处理的年度进行分类。每一份文件都有形成时间,有的文件除有形成时间以外,还有内容针对的时间。

第二,组织机构分类法。组织机构分类法,就是根据文件在文书处理阶段形成和处理的承办单位进行分类。按组织机构分类,也就是按照立档单位的内部组织机构来分类。一般来说,有一个内部机构就设一个类,组织机构的名称就是类名。各类的次序可以按照立档单位内部组织机构序列表的规定顺序来排列。以高校为例,如果在高校十一大类的行政类下位再按组织机构分类,就可设置校长办公室、人事处、教务处、学工处、研究生处、招生与就业指导处等。采用组织机构分类法,原则上是由谁起草或承办的文件,就归入该内部组织机构类;但是,由几个内部组织机构承办和处理的文件,一般应归主办机构类。

第三,问题分类法。问题分类法,就是根据文件内容所说明的问题进行分类。按问题分类,类目的设置要切合实际,设些什么类,类的名称,都必须根据立档单位的职能任务、档案内容以及文件数量多少来确定,问题概括要简明确切。同一级各类应互相排斥,不应互相包容或交叉。同一份文件的内容单一、应归入相应的类,内容涉及多个问题,则可以归入综合类。

第四,保管期限分类法。保管期限分类法,就是根据文件或案卷的保管期限进行分类。根据档案部门多年实践证明,按照档案的保管期限进行分类,是档案部门经常采用的一种分类方法。

▶▶ 2. 复式分类方法

高等学校档案的分类,仅仅进行第一级分类是远远不够的,往往还必须在下位进行第二级和第三级的分类,一般是用几种分类方法分层联合使用,采用不同的复式分类方法。下面主要介绍四种常用的复式分类法。

第一,年度—组织机构—保管期限分类法。即先将归档文件按年度分类,每个年度下按机构分类,再在每个组织机构下面按保管期分类。这种分类方法适用于内部机构不复杂的立档单位。采用此种分类方法,在库房排架时,每年形成的档案按机构序列上架,不需要预先留空,也避免了倒架,库房管理非常方便。同时,可将不同年度同一机构形成的文件,按保管期限的下岗,分别依次排列在一起。

第二,保管期限—年度—组织机构分类法。即先将归档文件按保管期限分类,每个保管期限下按年度分类,再在每个年度下面按组织机构分类。这种分类方法同样适用于内部机构虽有变化,但不复杂的立档单位。采用此种分类方法,在档案管理时,不同保管期限,分别上架,便于档案移交进馆。但每个期限后应预留柜架,以备以后各年档案陆续上架。否则需要每年倒架。此方法适宜于现行高校文件的整理归档工作。

第三,年度—问题—保管期限分类法。即先将归档文件按年度分类,每个年度下按问题分类,再在每个问题下面按保管期限分类。这种分类方法多用于机构变化复杂,或由于机构之间分工不明确、文书工作不正规等原因难以区分文件所属机构,以及没有内部机构或内部机构非常简单等情况。

第四,保管期限—年度—问题分类法。即先将归档文件按保管期限分类,每个保管期限下按年度分类,再在每个年度下面按问题分类。这种分类方法适用于不宜按机构分类的单位。一个高校档案的分类方案,不管选择哪一种复式分类法,一经确定就不要轻易变更,应保持相对稳定,以使分类体系具有连续性,便于查找利用。

(四)划分文件的保管期限

划分文件的保管期限,实质上就是确定文件材料的保存价值。划分文件的保管期限是归档文件整理中最重要的一项工作。它是在已区分文件材料归档范围的基础上进行的,因而不能把区分文件材料的归档范围与划分归档文件材料的保管期限混为一谈。《高等学校档案部门业务建设规范》对确定归档文件材料的保存价值做出了原则性的规定,即"确定文件材料的保存价值,要根据学校工作需要和为国家积累历史文化财富的需要,准确进行判断";凡反映学校主要职能活动和基本历史面貌,对本校、国家建设、历史研究有长远利用价值的,列为永久保管;凡反映学校一般工作活动,在长期内对学校和社会有查考利用价值的,列为长期保管;要准确地划分文件的保管期限就在于正确地判定归档文件的保存价值而要正确地判断归档文件的保存价值,又必然要有一个衡量文件材料保存价值的依据和标准。它既受约束于国家发布的《文书档案保管期限规定》和其他专门档案保管期限的规定,又受约束于学校自身制订的档案保管期限。总的来说应从学校工作需要与国家长远利益出发,以学校的地位与职能以及文件本身的内容为基本要素来确定;具体地说主要应直接地从以下几个方面来正确地分析与判定文件的保管期限。

▶▶ 1. 从文件材料的来源分析判定

文件材料的来源,主要是看文件材料的责任者。一般来说,本校行政或党委制发的文件材料比校外机关或学校发来的文件材料重要;以本校行政或党委名义形成的文件材料,又比以本校行政或党委所属各部门名义形成的文件材料重要;直属上级主管机关发来的文件材料比非直属上级机关发来的文件材料重要,直属上级主管机关发来的,直接针对本校工作并与本校文件具有密切联系的文件材料又比直属上级主管机关发来的普发性、与本校文件只有一般联系的文件材料重要。

》》2. 从文件材料的内容分析判定

文件材料的内容是决定文件保存价值的一个主要方面。文件材料的内容,主要是看文件材料所反映问题或数据的重要程度。一般来说,文件材料的内容,是反映本校主要职能活动和基本情况,具有全局性、综合性、方针政策性、法规性的,其保存价值就大,应当列为永久保管:文件材料的内容,仅仅是反映本校一般行政事务和业务活动,只具有局部性和业务性的,其保存价值就小,可以作为长期或短期保管。例如,学校颁发的《研究生学籍管理办法》比学校发出的《关于加强研究生招生面试工作的通知》,其保存价值就不完全一样,前者需要作永久保管,后者作为长期保管。

》》3. 从文件材料的时间分析判定

文件材料的时间,也是判定文件保存价值的一个重要方面。例如,学校年度工作总结就比学校季度、月份工作总结重要。

》》4. 从文件材料的形式分析判定

文件材料的形式主要是指文件材料的名称、稿本及外形特点。文件的名称不同,其保存价值也不相同。例如,决定、决议、条例、规定、办法等相对比函、简报的保存价值大;文件的正本与定稿比修改稿、草稿的保存价值重要。

》》5. 从文件材料的执行要求分析判定

文件材料的执行要求,主要是从文件正文的执行要求的语句上来分析。学校行政与党委发出的文件,如指示、指示性通知、批转通知、转发通知,往往在正文结尾执行要求的用语上显示出了文件的不同保存价值。例如,有"以上意见,希认真贯彻执行"与"上述各点,请参照执行"要求的文件比"它们的做法,可供各院参考"要求的文件重要。

(五)归档文件编目

归档文件编目,是指在归档文件装盒后,根据分类方案和室编件号顺序逐件编文件目录的工作。归档文件目录反映了全宗内各类归档文件的种类,它是档案保管、鉴定、统计、检索、利用、数字化等工作的依据与基础。

▶▶1. 归档文件目录的格式

归档文件目录的格式包括目录表头、目录表格形式、各项目在目录中的位置等各学校可以根据需要,在一般格式的基础上自行确定各栏目的详细尺寸。同一立档单位的目录格式应保持一致,不能随意更改。由于目录中不同条目的长短不同,占用的空间也不同,目录中的行距可以有所不同。归档文件目录一般设置件号、责任者、文号、题名、日期、页数、备注等项目。

▶▶2. 归档文件目录项目的填写

根据归档文件目录所设置的项目分项填写方法如下。

第一,件号。填写室编件号。

第二,责任者。责任者是指制发文件的组织或个人,即文件的发文机关或署名者。责任者可以是一个学校或机关内部的一个部门,也可以是几个门,或者是一个人或若干人。填写时一般应使用全称:通用简称,注意不能使用"本校""本院""本部"等不规范简称。

第三,文号。填写归档文件的发文字号。

第四,题名。即填写归档文件的标题。一般情况下,文件只有一个题名(正题名),填写时照实录人有的文件还有副题名,当正题名能够反映文件内容时,副题名不需录入;当文件没有题名,或以文种作为题名时,应根据文件内容重新拟写或补充标题,并在新拟或补充标题之外加"[]"号;会议记录需重拟题名时,应写明会议的时间和主要内容会议记录以一次会议的记录作为一件,并拟写题名。

第五,日期。填写归档文件的形成时间,即发文时间(文件的落款时间)。具体填写日期项时,应以 8 位阿拉伯数字标注年、月、日。文件上若未注明日期,编目时应根据文件内容加以考证后填写。为避免日期项占格过宽,可将年度占一行,月日另占一行。

第六,页数。填写每一件归档文件的页数。计算页数时,以文件中有图文(指与文件内容相关的文字、图画等)的页面为 1 页,空白页不计算。大张的文件或图表折叠后,仍按未折叠前有图文的页面数计算页数。来文与复文、正本与定稿等作为一件时,统计页数应将构成该件的各文件页数相加作为该件的页数。如关于

xx问题的请示和批复分别为4页和1页,作为一件时,该件页数应为5页。

第七,备注。填写归档文件需要补充说明的情况,包括密级、缺损、修改、补充、移出、销毁等。如果有些文件需说明的情况较多,备注栏填写不下时,可在备注栏中加注号,将具体内容填入备考表中。

在归档文件目录项目填写工作中,由于是实行以"件"为单位装订,因此每盒内的归档文件目录既不装订,又排在盒内所有归档文件前面,往往会出现目录脱离档案盒时不易归位的情况。所以在编目工作中,有的高校在每盒归档文件目录的最后一张目录表下面分别注明:类名、年度、保管期限、盒号、起止件号。这样既有利于离盒目录表及时归位,又便于在翻阅归档文件目录检索某个文件时,知道这个文件处在哪类、哪年、哪个保管期限、哪个档案盒内,尽快地找到文件提供利用。

▶▶ 3. 填写归档文件目录项目的字迹材料

填写归档文件目录项目时,应使用符合档案保护要求的字迹材料,如碳素墨水等,禁止使用圆珠笔、铅笔、纯蓝墨水等不耐久的书写材料进行填写。已采用档案计算机管理的单位,可直接使用档案管理软件生成目录。

▶▶ 4. 归档文件目录的装订与封面的编制

归档文件目录最好是按类或属类结合保管期限分别装订成一本,每本目录可以打印一式三份。一份留存文秘或业务部门备查使用;另两份由学校档案部门保存使用,其中一份作为交接文据存全宗卷,另一份作为查找档案目录使用。

第三节 党政管理类文件的整理方法

一、文件整理基本方法

(一)以事立卷

这是立卷方法改革之一,即由原来的综合立卷方法改为"以事"立卷的方法。

所谓"以事立卷",就是以某一件事,这个"事"可以是一个问题、一次会议、一项工程、一起案件、一种活动、一项工作等,或者同性质同类型的几件事为标准,按保管期限各自单独组成归档的保管单位的方法。采用以事归档组卷时不受文件多少和张数的约束,文件多时可组数卷。或者说,档案"以事"立卷就是借鉴"一事一卷"方法的经验,吸取了过去以"问题"立卷的内在联系和分保管期限的优点而确定的一种立卷方法。这种方法将有利于将来学校档案管理向现代化网络化管理转化。

(二)以事立卷的方法

▶▶ **1.组卷的基本原则**

"以事"立卷方法的基本原则是按文件形成的自然规律立卷,在立卷时按照事件中文件材料形成的先后顺序和内在联系排列组卷。若解决一个具体问题形成的是单份文件,就按单份文件组卷;若在同一事件中出现了价值不同的文件就先按保管期限(永久、长期、短期)分开,然后再按文件形成的先后顺序和件与件之间的联系排列组卷。

▶▶ **2.以事立卷的案卷类型**

用"以事立卷"的方法组成案卷有以下几种类型。

第一,一事一卷。一事一卷就是把在一件事中形成的材料组成一卷。如学校运动会案卷是由开幕词、闭幕词、秩序册和成绩表等文件材料组成的。这些案卷有的是一个作者、一个名称,有的是几个作者、几个名称,但是他们都是反映或说明一件事情,所以称为一事一卷。

第二,一事数卷。一事数卷的情况多为会议和工程项目形成的案卷。形成这种案卷主要原因:一是在一件事情中形成的数件文件的保管价值不同,例如,有的会议文件是永久保存的,有的是长期保存的;二是形成的文件数量过多,一卷不能装订,如学校某建设项目的竣工图纸,建设文件等就只能用这种方法进行整理。

第三,并类组卷。同一件事情有可能通过上级、外单位、本校等不同的形式产生文件资料,这种情况,就可以采取"合并同类项"的方式把属于同类型同性质的数件文件组成一卷。

二、归档整理工作程序、步骤

(一)划分类别

>> **1.** 分类方法

前面曾提到分类,那是以学校全部档案为整体,划分不同的管理大类。与前者分类不同,这里介绍的分类是指按照《归档文件整理规则》对已归档文件实体进行二次分类,即按归档文件的来源、时间、内容和形式等方面的不同情况,将文件分成若干层次和类别的体系的过程。这是在文件层运用二级类目设置,把同一年度的归档材料区分类别。

档案分类的方法很多,在《归档文件整理规则》之前,高等院校一直执行《高等学校档案实体分类法与工作规范》。推行按《规则》整理后,将两者进行融合及适当调整。

《归档文件整理规则》中确定的三种基本分类方法,即年度法、组织机构(问题)法和保管期限法作为通用的分类方法,是因为这三种分类方法在各种档案整理中使用率最高。由于归档文件的情况复杂,因此,工作中通常是根据实际需要将这几种方法结合起来运用,构成复式分类法。

>> **2.** 常用分类法的运用

复式分类法中有两种最通用的分类方法:即年度—机构(问题)—保管期限分类法;保管期限—年度—问题(机构)分类法。

第一,年度—机构(问题)—保管期限分类法。即先将归档文件按年度分类,每个年度下按机构(或问题)分类,在组织机构(或问题)下面再按保管期限分类。这种分类法便于按专题查找和利用档案,可以避免或减少同类问题文件分散的现象。这种分类方法适用于内部机构不复杂的学校。如果内部机构文件不多时,分类不受机构的限制,可将党委、工会、共青团等组织机构形成的归档文件划入党群类;各教学部门形成的文件划入业务类;行政管理各部门形成的文件划入行政类。

第二,保管期限—年度—机构(问题)分类法。这种方法先将归档文件按保管期限分类,每个保管期限下按年度分类,再在年度下面按机构分类。这种方法同样适应于内部机构虽有变化,但不复杂的学校。

▶▶ **3.** 分类法的选择及需要注意的问题

第一,二级分类。分类是一项技术性强的工作。需要注意的是,分类时不能仅采取一级分类,对于规模、机构小的学校,至少也要采取二级分类。即年度—保管期限或保管期限—年度。

上述两种分类中,年度、保管期限都是必选项,机构(问题)是选择项。由于一个院校的档案全宗同时有几种专业档案门类,因此,机构(问题)成为必选项。

第二,文件的归属。按照分类大纲将归档的文件材料用"年度—类别(问题)—保管期限"进行分类,即在年度内,把相同归属的文件材料归在同一类目中。在实际工作中,当学校规模不大,归档文件材料不多时,更多地使用年度—问题—保管期限分类法,即先将归档文件按年度分类,在每个年度下分问题,然后在问题下面再划分保管期限。这种分类方法的优点是可以不受内部机构的限制,同类问题的文件能保持相对集中,尤其便于按专题查找和利用档案。

如果学校的规模较大,内部机构及产生的文件材料较多时,选择年度—组织机构—保管期限分类法,将更有助于文件材料的归档和查寻。

在设类目时不必过多考虑内部机构的不同。采用"年度—组织机构"分类法时,将党委办、纪检部门、宣传部门、组织部门、统战部门、工会组织、团组织等群众团体及其他思想政治工作临时机构等形成的文件材料都归入党群类,而学校各行政职能部门、单位所形成的文件材料归入行政类。或者说,凡涉及党务工作、群众团体的问题均归入党群类,与行政管理等相关的文件材料归入行政类。对于规模大的院校,再设置院系(或院系业务)类目,将校内所属的二级学院或院、系、部所形成的教育管理类文件材料归入此类。对于临时性机构,如果它是挂靠的,其文件材料归入相应的职能部门,如果是独立的部门,那么可以根据其行使职能及文件材料的情况另行组织类目。

(二)盖章

即将已归档的文件盖上归档章,以便于识别文件。归档章设置为在归档文件材料整理工作中一般是将党委、工会、共青团等机构形成的文件划为"党群类";教学部门(包括各系部)形成的归档文件划为"教育教学类"或院系类;后勤部门(含财务、安全保卫、行政管理等)形成的归档文件划为"行政类"。

(三)装订

在档案整理的过程中为了固定和保护卷内文件,避免散失和损坏,需要根据不同情况对文件或案卷进行装订。这里的装订是指对不符合档案保护要求的文件材料,如使用铁质订书针或其他需要重新整理的文件材料进行装订,以利档案的保存,防止文件丢失。

1.装订准备

在档案装订前,需要做好以下工作:一是要拆除文件材料上原有的容易发生锈蚀的大头针、订书针等金属性物质。二是对文件材料逐页复查核对,避免漏页、倒置、文字不清晰等现象。对纸张破损或大小不一的文件材料采取必要的补救措施。三是按照文件右边、下方整齐的要求将需要装订的一组文件整理整齐,用铁夹在右边将文件暂时固定。

2.装订方法

实际工作中往往会采用多种方式装订档案,目前常用的归档文件装订方法有以下几种。

第一,粘贴法。即采用传统的胶水或黏合剂将每页归档文件粘贴起来。凡单件在5页之内比较薄的文件材料,宜采用粘贴法。粘贴时沿文件的装订边(左边)刷1~2毫米的胶水粘贴固定。

第二,机械法。即使用专门的装订机具在文件材料左边1厘米内将文件固定在一起。这是一种通用的装订法,主要用于单份归档文件的装订,对装订5~10页厚度的归档文件效果较好。由于通常所使用的订书钉存在生锈的问题,而且过去是采用案卷级归档,单份文件不采用订书机装订。随着不锈钢文件夹、不锈钢订书针的出现,装订法使用起来方便、省力,且不影响文件的复印、扫描,所以,现在档案装订均已普遍采用此方法。

第三,缝纫法。对厚度在5页以上的文件,采用缝纫机沿装订线进行缝纫。使用这种方法装订时要注意先把缝纫针脚调至最大,因为密集的针脚很容易导致将纸张扎断。

第四，线装法。即将归档的档案固定后在左边装订线内用针式装订机打出孔，然后采用"三孔一线"进行固定。这种方法主要用于 10 页以上成卷的，不能采用普通装订机装订的档案。

第五，塑钉法。是采用先在归档文件上打孔，然后穿上塑料螺钉进行紧固。用这种方法时还可以采用三种颜色的螺钉分别标识永久、长期、短期的档案。不过，采用这种方法装订也将相应地增加档案的体积和重量，而且塑料钉也存在老化的问题。

第六，盒装法。主要用于无法进行装订或不宜进行装订的档案材料，如锦旗、印章、证书等，对这类档案采取直接装入档案盒中收藏。

▶▶ 3. 注意事项

第一，以"件"为单位装订时，文件的排列按以下顺序：正文在前，定稿在后或正文在前，复印稿在后，针对某一问题的上级批复在前，原文在后。

第二，不论采用何种装订法都要避免在装订时压字的现象。

第三，在装订后要进行检查。

第四，以"三点一线"装订时，线要紧固，以防止在利用者翻阅档案时发生掉页的现象。

（四）归档排列

在同一年度内，将归档文件材料区分类别后按不同的保管期限排列。这里，归档文件的排列是指在最低一级类目内，对归档文件的先后次序进行定位排列，每年都按顺序排，以便于查找。主要方法如下。

第一，时间优先。如果是同一事由不同作者，按时间先后顺序排列。不同事由，则以事情办理完结时间先后排。

第二，重要在前。即将主要职能活动或重要的文件排在前面。

第三，属性集中。对有共同属性的文件，例如学校所属各部门报送的工作总结等，可按照部门的顺序排。对相互有联系的文件要尽量放在同一个档案盒内排列。

(五)编写备考表

对归档过程中需要说明的事项填写在备考表中,主要包括归档文件的完整性、质量情况、材料调整补充情况、档案检查情况,归档人、检查人、时间以及其他需要说明的问题。

(六)编号和标识

档案的分类编号是用汉语拼音字母和阿拉伯数字来指代表示不同类型档案的自然形成规律和相互间的有机联系的工作。

1. 选择编目方法

编目采取分号制。党政类文件材料,包括党群类、行政类两大类别的文件材料的保管期限分为永久、30年、10年三级,保管期限应为最低一级类目。在编号时,对不同保管期限的归档文件分别编制流水件号。要求按"年度、类别、保管期限"分类编号。

在实际工作中,高等院校在执行《高等学校档案实体分类法与工作规范》的基础上,常用的档号编制模式有以下几种。

第一,全宗号+年度号+分类号+件号。

第二,全宗号+年度号+分类号+案卷号+件号。

第三,全宗号+年度号+分类号+保管期限+件号。

高校普遍采用的档号结构、模式为:年度号-分类号-案卷号。

在以上这三种模式中,可以看出,"全宗号+年度号+分类号+保管期限+件号"的档号模式既能反映出单份文件的形成时间、所属类别、保管期限等因素,"有利于将《高等学校档案实体分类法与工作规范》与《规则》实行有效的衔接"。

2. 编页号

对归档的文件按照其原有的页数注出页数。不过,也有的省级标准规定既要编件号,也要编页号。以卷为保管单位装订后,在有文字的卷内文件页面右下角从1开始顺序编写页号。以件为保管单位装订的归档文件材料,则编写在每份文件的右上角所盖的归档章相应的栏目内。

▶▶ **3. 编盒号**

盒号是档案包装入库排列上架的顺序号。编号时按照永久、30 年、10 年的保管期限顺序排列,也可以采用不同的颜色的标签分别标识保管期限,加以区别。

(七)计算机存储

对归档文件分类编号后,将每份归档文件标题等特征信息输入计算机,在输入计算机的同时由计算机自动编排产生"件号"。根据"淡化整理、深化检索"的要求,尽可能按照文件级管理办法进行归档整理工作。将文件题名、文号、责任者、文件形成日期、主题词等档案内容要素充分反映出来,以扩大检索途径,优化检索方式。在输入数据的同时在文件上编写件号。

通过将文件相关的信息输入计算机的过程,也就自然完成了对档案进行计算机管理的基础工作。辅助查询、统计、借阅、编制目录、盒背脊信息的填写等工作。由于目前尚无统一的档案管理软件或标准,除了对文件的处理规范的协调外,还包括应用管理软件的选择,为档案管理创造充分的软硬件条件。"要建立内部的档案管理信息系统,在客观上保障文件级档案管理的实施,争取同时实现案卷级与文件级档案信息的综合查询"。在坚持《归档文件整理规则》的前提下,可以在应用软件的基础上,保持"文书档案"与其他业务档案的编号体系的一致性,只不过在文件整理规则进行分类编号时,添加保管期限和件号,形成:年度+分类代号(机构代号)+保管期限+件号的文件编号模式。打印归档文件目录、档案封面、盒内目录等。归档文件目录需要打印一式 3 份,1 份放置档案盒内,1 份作为检索目录。

(八)装盒

用统一制作的案卷皮把排列好的文件材料装订起来后,填写卷面,包括:全宗号、目录号、分类号、文书处理号、单位名称、主题名、卷内文件形成起止时间、本卷张数、保管期限及卷号等项目。然后,在备考表中注出:卷内需要说明的情况、立卷人、检查人、日期等,最后打卷内张页号码。

根据归档的文件选择好适宜的档案盒,将整理完毕不同类别和保管期限的文件按顺序排列好分别装入相应的档案盒内。

第四节 教学档案管理类文件的整理方法

一、确定立卷类目

教学档案立卷类目应根据学校教学工作的职能、机构设置以及教学工作任务等情况综合来确定。确定立卷类目是按照立卷归档的原则和要求,对学年内可能产生的教学文件材料拟定的立卷计划或方案,将其作为平时对教学文件材料进行收集存档的依据。因此,在确定档案类目前,应该在熟悉教学工作的基础上,对本校产生的教学档案有个清晰的把握。

立卷类目的门类和条款的排列可以列为表格式,也叫立卷类目表。

教学类二级类目的设置常用的有两种方法:按工作阶段设置与按办学层次设置。

(一)按工作阶段(流程)设置

即依据《高等学校档案实体分类法》有关教学档案类目设置的要求,采用按教学工作的程序设置二级归档类目的方法。

对于办学规模较大,形成文件较多的学校,可以按业务职能来设置类目,避免造成同一部门形成的有相互联系的档案分散在不同类目中的现象,有利于查阅和利用。

(二)按办学层次设置

即根据不同的办学层次设置归档类目。通常,高等院校是根据《高等学校档案实体分类法》设置类目。

一般中等教育以下规模的学校,由于档案材料不多,可以采取在教学档案类目下按年度分类组卷,按照综合、学科(专业)建设、招生、学籍管理、课堂教学、教学实践、毕业生信息反馈、教材及参考资料的顺序进行归档排列,达到有序归档、便于查找利用的目的。

二、分类整理

教学档案的整理应参照《中国档案分类法》《高等学校档案实体分类法》,结合各自学校的具体情况进行分类。相对来说,教学档案较之党政类文件要单纯一些。分类一般采取机构—年度—问题的分类方法。即先将归档的文件材料按形成单位、年度分开,再根据教学文件材料的内容所反映的问题立卷。

常用的教学档案类目分类方法有(教学)年度—问题分类;年度—组织机构分类。

(一)教学年度—问题分类

教学年度—问题分类即在教学年度内,将文件材料归纳为容易查找的问题或相似问题的类别加以组合。这种分类常用于反映教学文件、专业和课程建设、学籍管理、教材等方面的文件。标识时要按问题分类分别注明"××类"。

教学档案的"问题"性质相对较明确,也容易区分,例如,各班学生的学籍卡、招生录取文件、教材等,反映出教学或文件材料形成的规律,在组卷时应尽量尊重文件材料这种自然形成的特点和文件间的历史联系,并适当考虑和区分文件材料的不同保存价值,使组成的案卷既符合档案管理学的要求,又能体现出教学部门的特点和规律,便于管理和查考利用。

(二)年度组织机构分类

就是把学校同一教学年度内产生的教学文件材料按学校内部教学部门的组织机构层级对文件材料设置归档。例如,教务处、××系,等。把各部门在教学实践活动中形成的需要存档的文件材料按其所属部门进行划分。

三、教学档案的文件级管理方法

(一)教学归档文件的整理原则

第一,应充分体现教学文件材料间的有机联系,强调"事由原则",尽量将同一事由形成的文件组合在一起。

第二,除文书档案外的业务档案的文件级管理要根据实际情况进行具体分析,能采用文件级管理的可以尽量采用文件级管理。

(二)教学档案的文件级管理

教学档案是专门档案,也是学校档案的主体。高校教学类档案有8个二级类目,其中多数归档文件属于文书档案。其中,凡可以用文件级管理的,均可以按《归档文件整理规则》要求,取消传统的案卷级整理,改为文件级整理。对于像自编或主编教材、教学或实习指导书等教学类归档文件,因其本身的相对独立性和完整性,已经是以"份""本""册"的形式存在,所以,也可以将其作为"件"整理归档。像新生录取名册,就可以将其按本科、专科,省(区)生源为"件";在校生名册、毕业生名册等均可以以班级为"件";一个专业建设项目的文件材料或教学改革项目的文件材料可以按项目进行的不同阶段的文件材料设置为一件。

四、组卷

教学档案的整理,仍然要依照教学档案文件材料形成的特点和规律,并保持文件材料之间的历史联系。分类后,不便于按文件级整理的,要将教学文件材料组成案卷,以便于保管和查考。组卷常用的方法有以下几种。

(一)按问题特征立卷

按问题特征立卷即按照文件材料反映的相关问题特征,把记述同一问题的文件材料组合成为案卷。

(二)按部门特征立卷

按部门特征立卷即把来自同一部门或内容涉及部门特征的文书材料组合成案卷。

(三)按作者特征立卷

按作者特征立卷即根据文件材料的作者或单位、个人的特征组合案卷。

（四）按时间特征立卷

按时间特征立卷就是按照文件材料形成的时间特征，把同一时间内的文件材料组合成案卷。

（五）按文件间联系特征组卷

按文件间联系特征组卷就是按照文件材料形成过程中的联系特征把作者、问题、名称、时间等相同的文件材料分别组合为案卷。

五、卷内文件材料的排列

为了体现文件之间的联系，当文件材料组合成一个案卷时，还要对这组文件材料按其形成规律进行前后顺序的排列，将每份归档材料在卷内的位置固定下来，这就是对文件材料进行排列的过程。

卷内文件排列的原则是要保持文件材料之间的密切联系。卷内归档文件材料一般可采取以下排列方法。

（一）按材料形成的时间顺序排列

同一作者、问题、名称的，时间早的排在前面，时间晚的排在后面。如教学工作会记记录在前，贯彻落实会议情况的材料在后；工作计划在前，总结在后，等。

（二）按照重要程度排列

同一问题，上级的决策在前，本校的材料在后。

（三）按作者先后时间排列

卷内有两个以上作者的，先按作者排开，在每个作者内再按时间顺序排列。如学校内部各单位教学工作报告、总结等。

六、档号的编制

经过分类整理后的档案，要编制档案号加以识别。档号是对教学档案的类别及其相互之间的关系制定的代号编码,以帮助查找。档号的编制是一项重要的工作,对档案的保管和提供利用都有直接的影响。

"档案的编号,是由代字、代号组成,代字统一用汉语拼音字母,代号统一用阿拉伯数字。"教学档案号由分类号和案卷顺序号组成。由于教学档案反映的类型、内容较多,较之党群类档案,其档号情况较复杂,有的要体现三、四级类目。对各种类型的教学档案如何进行科学的编号,是一个很值得探讨的问题。

七、编号原则

在考虑分类编号方法时,必须遵循以下几条原则。

(一)方便性原则

方便性原则即遵循教学档案的自然形成规律,保持教学档案之间的有机联系,便于保管和查找利用。

(二)简明性原则

分类编号的层次不宜过多、过繁,要尽量简明、清晰。一般宜按照类、属类、小类划分,最多三至四层。

(三)一致性原则

对同一类型的教学档案分类编号时,采用的标准应当一致,只有标准一致,教学档案划分的层次才能清楚,条理明晰,有利于保管、统计和利用。

另外,教学档案的编号方法,用汉语拼音字母做类层的代号时,应选用两个关键字的汉语拼音字母做代号,以免计算机检索时出现误检。

第五节 科研项目档案管理类文件的整理方法

一、单位、课题组立卷的归档制度

《高等学校档案管理办法》规定:"高等学校实行档案材料形成单位、课题组立卷的归档制度。"对于科研工作来说,不论是基础理论研究还是技术研究、应用研究课题,都将形成有价值的原始科技材料。同时,不论旁人如何了解,都不会比当事者对其形成的档案材料更知根知底。尤其像项目方案论证、试验记录及试验报告、材料成分配方及设计图纸、图片等科研过程材料一直是收集的重点和难点。正因为如此,建立单位、课题组立卷归档制度,就是强化学校各部门、课题组按照归档要求,把在科研活动中形成的来源性、成果性特别是科研过程的档案资料及时、完整地收集起来,并整理立卷归档的责任。另外,为了减少扯皮和疏漏,明确由立卷人"对文件材料系统整理组卷,编制页号或者件号,制作卷内目录,交本部门负责档案工作的人员检查合格后向高校档案机构移交。"这一制度较之过去提出的"四同步",归档责任更有着落,对完整系统地保存高校各项活动所形成的档案资料更有利。

二、科研项目档案收集重点

为了保证项目有完备的档案材料,档案部门必须加强过程管理。加强过程管理要注意抓好以下重要环节。

(一)对工作过程产生的材料的控制

档案工作强调过程的监控非常重要。各项工作中产生的材料是档案的基础。在过程中随时立卷归档,是保证立卷的基础。

学校档案部门的职责:学校档案部门应与重点项目主管部门密切配合,从工程建设项目一开始,就要向各重点工程建设单位提出建立档案管理责任的要求。档案部门要注意跟踪项目的进展情况,对档案资料的收集、整理进行指导、监督和检查,以保证重点建设项目的档案归档工作切实落实。

项目责任人的职责:课题组或项目组要把档案工作纳入项目或工程建设管理之中,明确一名工程建设负责人或课题负责人分管档案工作。

归档要求:整个项目的文件材料要收集齐全,整理科学。

将完成项目材料归档情况列为定期检查和项目验收的内容。

(二)项目材料归档控制

准备阶段。重点是申报类材料的收集归档。这一阶段的材料,都有据可查,项目负责人留有备份。项目或课题一经获批立项,课题组或项目负责人就要收集申报材料,包括项目的规划与准备材料,开题报告与课题调研论证材料,任务书、合同或协议;科研成果或课题研究的来源性材料,复制审批文件,建立卷宗,确定相关人员负责档案资料的收集和归档工作。

研究阶段。要对过程性材料加以保存。主要包括课题研究的各种原始记录、数据处理材料,设计说明或图纸等。有的课题研究过程长,研究材料多,这一阶段如果不及时收集,相关的基础实验数据、调查材料、论证材料等就会稍纵即逝。因此,在工作和研究的过程中要养成每天或每周整理资料的习惯,保证文件资料的系统性完整性。

结题阶段。主要把总结鉴定的技术报告、使用证明、验收报告、鉴定记录、论文专著、推广应用材料等收集齐全。

(三)项目鉴定、报奖材料的控制

项目鉴定和报奖需要职能部门审批和盖章,在对科研成果、产品规划与试制、基建工程等在鉴定、验收时,档案符合要求才允许项目鉴定和报奖。必要时,档案管理部门的人员要参加成果的鉴定评审会,到现场收集。除要求项目负责人交一套齐全完整的材料归档外,还应跟踪了解评奖结果。对申报成功得到奖励的项目,及时收集证书、奖杯等。对有复制要求的项目人,档案部门应积极协助和配合,协助把相关的档案收集齐,防止因事过境迁导致材料难以收集的困境。

三、整理编目

(一)分类

科研类档案一般是按课题来分类的。课题分类法就是按不同的研究课题分别设置保管单位。对于科研项目多的学校,为了查找利用方便,还可以对课题再细划类别。由于课题是以学科或专业来划分的,整理时可以采用学科—课题分类法或专业—课题分类法,具体方法如下。

第一,学科—课题分类,是指按照课题研究所属的学科范围对课题进行分类。

第二,专业—课题分类,即先将科研项目划分为相应的专业,在每个专业范围内分课题。如果科研档案多,则可根据情况在大类下面按小专业划分属类,然后排列课题。

(二)文书类材料的整理

科技类文件材料整理一般是以项目来组织保管单位归档的。保管单位可以是卷或盒,现在大多用盒装。一个项目中的文书类材料成"件"的,在排列时按"件"保持文件材料之间的联系。

(三)图纸资料的整理

除了单张图纸外,一个项目成套的图纸可以根据其自然的规律和特点,将其分成若干组,每组为一件登记目录。图纸的尺寸有大小,但都要将其按 A3 大小折叠成风箱式,以便于保存。

(四)编号

科技类文件材料整理时,其分类号有以下两种表示方式。

第一种方式,即:类别代字＋项目代号(一般由三位数字组成),这是最简单的一种编号方法。

第二种方式,以分类类别代字＋保管单位顺序号。

四、科技档案目录

(一)分类目录

分类目录即在总目录的基础上,将科技档案划分出不同的管理层次或类别,分别编制的目录。

(二)纸张卡片式科研档案目录

纸张卡片式科研档案目录即在卡片上反映科技文件的基本内容,以用于标识。卡片式科技档案目录的优点是特征明了,便于管理和查找利用。

五、档案的补充与修改

与其他类型的档案不同,科技档案具有一个最大的特点,即:可以修改。这一特点是由科技档案的性质决定的。科技类档案修改的主要包括设计图纸的修改,在科研项目成果申报和推广应用阶段对发生变化的文件材料的修改。当需要对已归档的文件材料修改时,需要履行以下手续。

(一)科研项目修改事项必须经项目负责人批准同意

有协作单位或设计、建设单位的,需要有相关的协议、合同,履行审批手续。

(二)提供修改后的图纸归档

相关的修改审批表应列在被修改的文件之前,在原件目录的备注栏还应加以说明。

(三)对补充、修改的文件材料及时整理编目

如果补充归档的文件材料少,可插在同类归档文件的后面;如果归档文件多,是以卷为保管单位的,则在该项目归档文件之后另立一卷。

高校较多的科技类档案主要有基本建设竣工档案、科研档案、设备档案三个方面。上面以科研项目的档案整理为例介绍了科技类文件资料整理的基本方法。其他像基建、设备、产品等类档案也都具有科技的特性,在归档整理时可参照科技类文件材料的整理方法进行整理。

第四章　高校特殊载体档案管理

第一节　高校声像档案

一、声像档案的特点

(一)客观真实性

声像档案都是在现场直拍和录制的,拍录什么就是什么,客观地记录了现场的真实情景和声音,具有较强的客观实在性。尽管在高科技时代,可采取特殊手段在电脑上修改,甚至移花接木地拼接与剪裁图像,但是,原生照片和录音的客观真实性是无可置疑的。

(二)形象生动性

声像档案以画面的可视形象,生动地将档案内容展现在利用者面前,有的配有声音,具有较强的形象性和直观性,能使利用者有"身临其境"的感觉,其形象性和生动性是其他类型档案无法比拟的。

(三)记录手段的特殊性

声像档案运用先进科学技术,可将一瞬即逝的现场记录和再现,并可进行超越时空的传递,具有较强的时间感和空间感。俗话说"时过境迁",但是,声像档案记录的场景,就能做到"时过"而"境不迁"。这种记录功能的特殊性,也是其他载体档案所不及的。

二、声像档案的作用

声像档案与其他档案一样,除具有凭证作用和参考作用外,还具有其特殊的作用。它的这种特殊作用,是由声像档案的特点决定的。

(一)声像档案是记录历史的特殊手段

声像作为档案的一种载体,它能把转瞬即逝的情景记录下来,这就弥补了文字记载的不足。在高等学校,无论是教学科研,还是党政管理中的重大事件,如教学评估、党建评估、学生从事社会实践,往往都需要用声像的特殊手段来记载。现场直拍和录制的声像是历史的真实凭证,形象直观地反真实情况,给人们以历史的真实感。

(二)声像档案是查处案件、事故的特殊证据

无论是刑事案件还是民事案件,不论是医疗事故还是重大安全事故,仅仅有证人、证言、证物还是不够的,如果有拍摄的现场记录这一特殊证据,更利于做出正确的结论,从而做出公正的判决和恰当的处理。

(三)声像档案是宣传教育的特殊工具

由于照片、视频文件形象、真实、客观、直观性的特点,可以为宣传教育工作提供生动丰富的素材/让人们容易理解事物,加深认识,接受教育。例如,组织学生参观日军在南京大屠杀的展览,当学生看到日军惨无人性地屠杀中国人民的照片时,心中便大大激起了对日本军国主义的仇恨,从而能受到生动的爱国主义教育。

三、声像档案的收集

为保证将有保存和利用价值的声像材料收集齐全,在收集工作中应遵循"以我为主,突出主题,质量精良,内容齐全"的原则。

(一)以"我"为主题

以"我"为主题即要以本单位形成的并能反映本单位职能活动的声像材料作为收集重点。

(二)突出主题

突出主题即收集的声像材料要能反映出重要活动和重要会议等的主要内容、

场景、人物的实况。

（三）质量精良

对收集来的声像材料必须进行精心挑选,把主题鲜明、声像清晰、画面完整、未加修饰剪裁的声像材料归档。

（四）内容齐全

归档的声像材料内容要完整。即照片档案要有照片、底片、文字说明(应含事由、时间、地点、人物、背景、摄影者等诸要素),照片与底片相符;录像档案要有录像片、解说词、文字说明(含录像片的片名、制式、语种等);录音档案要有题名(内容)、讲话人(演唱人)、日期、卷(盘)数、编号、录音带长度、录制时间等。

四、声像档案的归档制度

按照国家档案局(第 8 号令)《机关文件材料归档范围和文档案保管期限规定》,单位、部门或个人在各种重大公务活动中拍摄和录制的具有保存价值的声像档案,均应及时向档案部门移交,任何部门或个人不得以任何借口据为己有。

（一）声像档案归档范围

第一,反映本校主要职能活动和工作成果的声像资料。

第二,领导人或著名人物来本校视察或参加与本校有关的重大公务活动的声像资料。

第三,本校领导人参加重要外事活动的声像资料。

第四,记录和反映本校重大事件、重大事故及异常现象的声像资料。

第五,与本校其他载体档案有密切联系的声像资料。

（二）声像档案归档时间

应根据实际情况,采取随时归档与定期归档相结合的方式归档。对具有归档价值的声像材料,其摄影者和录制者或承办单位应在及时规范整理后,向档案部门归档,一般不应跨年度归档。依据《高等学校档案管理办法》的规定,声像档案应随立档单位其他载体形态档案一并向高校档案馆(室)移交。在特殊情况下,经档案管理部门同意可提前或延迟移交。

(三)声像档案收集方法

声像档案的搜集、征集和移交应符合《照片档案管理规范》《磁性载体档案管理与保护技术规范》等有关标准的要求。收集方法主要有以下四种。

1. 集中收集

高校档案部门有计划、有针对性地进行阶段性收集,这是声像档案收集的重要途径。

2. 定向收集

高校档案部门向某项活动的主办、承办单位或参与活动的单位和个人进行重点收集。

3. 直接参与收集

高校档案部门派人员直接参与现场拍摄和录制的收集方法。

4. 随时收集

即要求高校档案部门工作人员平常要注意收集有关活动信息,发现线索及时跟踪,及时收集。

第二节　高校照片档案的管理

高校照片分为传统照片和数码照片。传统照片是指使用传统相机,以感光材料为载体,以影像为反映方式的现场记录。传统照片有很多种,按色彩划分为黑白照片、单色照片、着色照片、彩色照片等;按感光形式划分为普通日光片、X 光片、超声波片、正片、负片、反转片等;按片基材料划分为普通相纸片、聚酯片、醋酸片、玻璃片等。一般单位的照片文件主要是普通日光型的常规照片,包括相(纸)片、底片、反转片等。数码照片则是指运用数码相机与计算机形成的照片。

数码相机与传统相机在外观上没有多大的区别。它们的区别主要在于成像系统以及照片的保存机制有所不同。传统相机是利用胶卷上的感光剂（溴化银）受光而发生化学反应的原理，在胶卷上留下痕迹，从而产生了画面。数码相机是利用 CCD（电子耦合元件 Charge－Coupled Device）或 CMOS（互补金属氧化物半导体 Complementary Metal Oxide Semiconductor）的光敏元件作为成像器件，将图像中的光学信息转化为数字信号。

另外，传统相机保存照片的地方是胶卷，而数码相机保存照片的地方是数码相机的存储卡。用传统的相机拍摄完后，要把胶卷送到冲洗店去冲洗后才能看到真正的照片；用数码相机拍摄后，可以直接从数码相机的 LCD 屏幕上浏览或者放到电脑上看也可以到数码冲洗店去冲印成照片。

一、照片档案收集的范围

凡是在学校招生、教学、科研、管理等活动中形成的，具有保存价值的照片（含底片、照片文字说明材料）均应作为收集的重点。除上述声像档案的收集范围外，传统照片应注意收集保存照片的底片。

二、照片档案收集的特殊要求

（1）对属于收集与归档范围的照片，应按照规定整理归档，集中管理，任何单位或个人不得据为己有；

（2）对存有真伪疑义的照片，应采取必要措施进行鉴定；

（3）对反映同一内容的若干张照片，应选择其主要照片归档，主要照片应具备主题鲜明、影像清晰、画面完整、未加修饰剪裁等特点；

（4）底片、照片、文字说明应齐全；

（5）底片与照片影像应一致；

（6）对无底片的照片应制作翻拍底片，对无照片的底照；

（7）照片的移交和征集，应符合有关标准的要求；

（8）对具有归档价值的照片，其摄影者或承办单位应及时整理并编写说明，及时向档案馆（室）归档，或随其他载体一起归档，一般不应跨年度。

三、传统照片档案的管理

(一)照片文件的构成

传统的照片文件是由底片、照片及文字说明构成。

▶▶ 1. 底片

底片分为原底片和翻版底片。原底片是指照片在形成过程中最初产生的底片,它是照片文件的原始材料。翻版底片是为了保护原底片,重新翻拍照片而形成的底片,又称为复制底片。一般情况下,大多保存的是原底片。而重要的、非常珍贵的照片,应同时形成或保管原底片和翻版底片。

▶▶ 2. 照片

照片是通过底片洗印而成的,与被摄对象是一致的。归档的照片文件除有底片外,还应有照片。照片易于辨认,是照片文件的重要构成部分。

▶▶ 3. 文字说明

文字说明是照片的题名、文字补充和说明材料。一张照片,如果缺少文字说明,即使再珍贵其使用价值也大打折扣。所以,照片和文字说明是相辅相成,互不可分的。

(二)照片档案的整理

▶▶ 1. 整理原则

照片的整理应遵循有利于保持照片的有机联系、有利于保管、有利于提供利用的原则,照片文件的底片、照片应分开存放。

▶▶ 2. 照片、底片的鉴定

(1)保管期限
保管期限按照片、底片的价值划定的存留年限,分为永久、30 年、10 年三种。

（2）密级

密级是指照片、底片保密程度的等级。密级的划定按照《中华人民共和国保守国家秘密法》《中华人民共和国保守国家秘密法实施办法》等有关规定执行。

▶▶ 3. 底片的整理

（1）底片的编号

底片号是固定和反映底片在一个主题内排列顺序的一组字符代码，由专题（事由）、保管期限、张号组成。其格式为：专题（事由期限代码张号）。保管期限代码：分别用"1""2""3"表示"永久""30 年""10 年"或直接写明永久、30 年、10 年。张号：某一保管期限内底片的排列，从"1"开始的顺序编号。

（2）底片号的登录

要使用铁笔将底片号横排刻写在胶片乳剂面片空白边处（刻写不下时，前段可不写），不得影响画面；也可采用其他方式将底片号附着在胶片乳剂面片空白边处，不得污染胶片。

底片号登录顺序应与照片号登录顺序保持一致。底片要放入底片袋内保管，一张一袋。应在底片袋的右上方标明底片号。对翻拍底片，应在底片袋的左上方标明"F"字样。对拷贝底片，应在底片袋的左上方标明"K"字样。底片册一般由 297 mm×210 mm 大小的若干芯页和封面、封底组成。底片装册应按底片号顺序将底片袋依次插入底片册，芯页的插袋上应标明相同的底片号。

对幅面超过底片册芯页尺寸的大幅底片，应在乳剂面垫衬柔软的中性偏碱性纸张后，放入专用的文件袋或文件盒中，按底片号顺序排列。底片册内应填写备考表册备考表项目包括：本册情况说明、立册人、检查人、立册时间。册内备考表应放在册内最后位置。

本册情况说明：主要填写册内底片缺损、补充、移出、销毁等情况。底片立册以后，如发现问题，应由有关的档案管理人员填写说明，并签名、标注时间。底片册的封面应印制"底片册"字样。底片册册脊的项目包括：保管期限、档号、案卷题名。底片册按照分类号、保管期限、册号的顺序排列，上架保存。

▶▶ 4. 照片的整理

（1）照片档案的分类

照片通常按照片反映的内容或专题并结合年代分类。一种是年度—内容/专题分类法,即将同一全宗内的照片首先按照年度分开,然后将同一年度的照片按问题或专题排列。另一种是内容/专题—年度分类法,即根据立档单位的职能活动的特点,设定若干问题或专题,在每个问题或专题下按照片形成的时间顺序排列,如若干的会议类照片可以组成一类。

(2)照片的编号

照片号是固定和反映每张照片在一个专题内分类与排列顺序的一组字符代码,由专题、卷(册)号、张号组成。可选用照片、底片分别编号法或合一编号法(影像相符的庙片、底片编号相同)编号。其格式为:专题—保管期限代码—张号。

(3)照片的入册

照片册一般由 297 mm×210 mm 大小的若干芯页和封面、封底组成。芯页以30 页左右为宜,有活页式和定页式两种。照片应按照分类、排列顺序即照片号顺序将照片固定在芯页上,组成照片册。

对于照片册放置不下的大幅照片,可将其放入专用的文件袋或文件盒中,按照照片号顺序排列。如竖直放置,应首先将照片固定在专用的纸板上,再放入袋(盒)中;如水平放置,照片的堆放高度不宜超过 5 cm。以竖直放置为宜。

(4)单张照片说明的填写

题名:应简明概括、准确反映照片的基本内容、人物、时间、地点、事由等,以上要素尽可能齐全。

照片号和底片号:按本节照片号和底片号编号方法填写,若采用照片、底片合一编号法,可不填写底片号。

参见号:是指与本张照片有密切联系的其他载体的卷号或件号。

文字说明:应综合运用事由、时间、地点、人物、背景、摄影者等要素,概括揭示照片影像所反映的全部信息,或对题名未及内容做出补充。其他需要说明的事项亦可在此栏表述,例如,照片归属权不属于本单位的,应注明照片版权、来源等。

(5)照片说明的位置

单张照片的说明,可根据照片固定的位置,在照片的右侧、左侧或正下方书写;对大幅照片的说明可另纸书写,与照片一同保存。一组联系密切的照片中的大幅照片,应随该组照片一同在册内编号,填写单张照片说明,并注明其存放地址。

(6)组合照片说明的填写

一组(若干张)联系密切的照片按顺序排列后,可拟写组合照片说明。采用组合照片说明的照片,其单张照片说明可以从简;组合照片说明应概括地揭示该组照片所反映的全部信息内容及其他需要说明的事项;应在组合照片说明中指出所含照片的起止张号和数量。

同组中的每一张照片均应在单张照片说明的左上角或右上角标出组联符号。组联符号按组依次采用①、②、③……表示,同组中的照片其组联符号相同。如册内只有一组照片和其他散片时,组联符号采用,组联符号不宜越册。

整理照片时,因保管期限或密级的不同,有些同组的照片可能会被分散到不同的照片册内,应在组合照片说明中指出这些密切相关照片的保管期限、册号和组号。

组照片说明可放在本组第一张照片的上方,也可放在本册所有照片之前照片册内备考表按底片册内备考表的内容填写。照片册的封面应印制"照片册"字样。照片册册脊的项目包括:全宗号、年度、保管期限、题名。

(7)照片卷册的排列

照片册按年度结合事由顺序排列。

(8)照片文件目录的编制

照片文件目录的著录项目包括照片号、底片号、题名、时间、摄影者、备注、参见号、册号、页号、组内张数、主题词或关键词、密级、保管期限、类型规格、文字说明等。

项目的著录单位,以照片的自然张或若干张(一组)为单位著录成为照片文件目录的条目。组合照片以一组照片为单位著录时,题名应根据题名拟写要素,简明概括、准确地反映照片的基本内容。照片号、底片号、页号均应著录起止号;时间应著录起止时间;参见号、摄影者可以著录多个。

对于大幅照片应在备注栏内注明"大幅"和存放地址。以一组照片为单位著录时,还应在备注栏内注明其中所含的大幅照片的照片号、底片号。

对照片文件的著录与标引应按《文件分类标引规则》(GB/T 15418)、《文件著录规则》(DA/T 18)、《文件主题标引规则》(DA/T 19)的方法和要求执行。

(9)照片文件目录的编制

照片文件基本目录的必备项目包括:照片号、题名、时间、摄影者、底片号、备注,可根据需要增加项目。基本自录的条目应按照照片号排序册内照片目录为选择性目录。其组成项目包括:照片号、题时间、页号、底片号、备注。册内目录的条目应按照片号排序且册内目录位于册内最前面。

四、数码照片档案的管理

数码照片是指用数码照相机、扫描仪等设备获得的,以数码形式存储于磁带、磁盘、光盘等载体,依赖计算机系统阅读、处理,并可在通信网络上传送的静态图像文件。

(一)数码照片的收集

凡是能反映高等学校招生、教学、科研、管理等活动,具有查考利用价值的数码照片均属收集范围,收集的范围和传统照片相同。

(二)数码照片的鉴定与整理

▶▶ 1. 数码照片的鉴定

对于没有归档价值的或重复的照片必须剔除。反映同一场景的数码照片一般只收集一张。归档的每一张数码照片都要确定保管期限,保管期限的划分参照《文书档案保管期限规定》。

▶▶ 2. 数码照片的整理

数码照片的分类按其形成年度分类。不同年度的数码照片应分别整理。

数码照片的排列、编号。每一个年度建立一个文件夹。文件夹下存放数码照片文件。数码照片文件按时间(或重要程度)先后排列,一组联系密切的数码照片应排列在一起。文件夹内的每一张数码照片接其排列顺序编号,即形成数码照片号(又称数码照片文件名)。数码照片号为年度+流水号,年度和流水号各为4位阿拉伯数字,不足4位的在前面用"0"补足。

(三)编制照片文件级目录

数码照片文件目录是以张为单位依照一定的格式输入计算机,实现对数码照片文件存储、管理的文件级目录信息。为建立统一的照片文件数据库,数码照片文件目录采用照片文件级目录的格式。

第一，照片文件级目录，以张为单位编制，对包括纸质照片在内的所有照片文件进行目录著录、管理，以便建立统一的照片文件数据库，实现统一管理与检索。

第二，照片文件级目录项目，包括分类号、纸质目录号、案卷号、照片号、拍摄者、拍摄时间、底片号、参见号、保管期限、数码目录盘号、数照片号、备注。其中纸质目录号、案卷号、照片号、底片号、参见号仅用于著录纸照片；数码目录号、盘号、数码照片号仅用于著录数码照片。

（四）光盘刻制与编目

运用图像处理软件，对数码照片进行后期处理，调整其色彩、亮度和对比度后，不但要冲洗出照片，还要用不可擦除型光盘刻制光盘存储。

一个归档年度的数码照应拷贝至一个或多个载体中，不同归档年度的数码照片不应存储在一个载体中。

推荐采用只读光盘作为数码照片的保存载体，禁用软盘作为数码照片长期保存的载体。刻制光盘时应选择"一次性写入"方式，光盘刻制完成后装入光盘盒，并填写封面内容。

数码照片刻录光盘后，要制作数码照片光盘目录，此目录是以盒为单位依照一定的格式输入计算机，实现对数码照片光盘管理的案卷级目录信息。

数码照片光盘目录著录内容包括套别、全宗号、分类号、盘号、题名、起始时间、终止时间、保管期限、张数、光盘类型、文件类型、制作时间、制作软件、制作设备、制作人、审核人。

套别：填写 A、B、C，其中 A 表示封存，B 表示利用，C 表示异地保存。

题名：反映数码照片光盘的内容，基本结构为工程项目名称＋年度＋（内容）数码照片文件。

起始时间：光盘内数码照片的起始年月，用 8 位阿拉伯数字表示。

终止时间：光盘内数码照片的终止年月，用 8 位阿拉伯数字表示。

保管期限：根据光盘内数码照片的保存价值分别分为永久、30 年、10 年。

张数：光盘内数码照片的张数，用 3 位阿拉伯数字表示。

光盘类型：分 CD－R,CD－RW,DVD 等。

文件类型：光盘内容的文件类型，分 JPG,TIF,VCD,DVD 等，数码照片光盘则填写 JPG 或 TIF。

制作时间：制作数码照片光盘的时间，用 8 位阿拉伯数字表。

制作软件：制作数码照片光盘使用的软件名称。

制作设备：制作数码照片光盘使用的硬件名称。

制作人：制作数码照片光盘人员的姓名。

审核人：负责检查数码照片光盘质量人员的姓名。

光盘刻制后应装入光盘专用包装盒或光盘文件盒，包装盒封面内容与光盘说明文件内容相同，应逐一填写数码照片光盘盒封面。

五、照片档案的保管

照片档案作为一种特殊的载体形式，是以感光材料为载体，以影像为主要反映方式的历史记录。在保管过程中，如照片、底片、反转片的保护剂、感光乳剂、片基等组成部分的任何一部分损坏，都会给照片档案带来无法挽回的严重后果。

(一)照片档案常见的损毁现象及修复办法

≫ 1. 出现指纹

这是由于管理不当，含有污渍的手直接接触到了照片、底片、反转片的药膜(乳剂)面，把手指上分泌的汗渍和其他对照片档案有损害的物质吸留下来，时间一长片基上就会显露出来，照片就会发霉变色，严重时底片、反转片的药膜就会脱离片基或变质，无法使用。

染有斑渍、指纹的照片档案，可以采用药液清除。将照片、底片、反转片放入纯净水中泡一会，对于较脏的底片，也可以用稳定液加纯净水稀释后，清除脏面，而后取出放入盛有照片、底片、反转片专用清洁液的容器内，用脱脂棉在清洁液中轻轻擦拭，斑渍或指纹就会逐渐减轻和消除。但是照片、底片、反转片在纯净水中浸泡时间不宜过长，以免损害药膜。

≫ 2. 划伤

造成划伤的原因，一是照相机接触底片、反转片的机械部分有毛刺，拍照时刮伤了底片、反转片；二是底片、反转片冲洗后和扩印后药膜面未彻底干，造成药膜面划伤；三是照片、底片、反转片晾干整理时操作或保管不当，人为划伤。

对于轻微划伤的照片、底片、反转片可以用专用修改液来处理。轻微划伤的照片、底片、反转片,可置于温度为 18 ℃的纯净水中浸泡几分钟,划伤处会自行合拢或减轻伤痕,也可以将划伤的底片、反转片涂以少量的油填补伤缝进行处理。

▶▶ 3. 斑纹、褪色、变色

造成照片斑纹、褪色、变色的原因:一是由于冲洗过程中定影不足或水洗不彻底、冲洗药失效、遭受潮气、化学气体的侵蚀;二是保管不当、阳光直射等,使照片、底片、反转片药膜发生了化学变化。

对于出现斑纹、褪色、变色的照片,最好的办法是复制和扫描,通过图像处理软件去除斑纹,修复褪色、变色,恢复原貌。

▶▶ 4. 黏合

对于保管不当、已经黏合的照片、底片、反转片,不可强行剥离,如强行剥离会造成照片、底片、反转片无法弥补的彻底报废。补救措施是,将黏合在一起的照片、底片、反转片浸泡于纯净水中,待充分浸透,会自然脱离。

(二)照片档案的保管要求

(1)底片袋

应使用表面略微粗糙和无光泽的中性偏碱性纸质材料制作,其 pH 应为 7.2～9.5,纤维素含量应高于 87%。底片袋应使用中性胶粘剂黏合,接缝应在袋边。

(2)底片册

照片册所用封面、封底、芯页均应采用中性偏碱性纸质材料制作,其 pH 应为 7.2～9.5,化学性能稳定,且不易产生碎片或脱落的纤维。

(3)底片、照片

应在能关闭的装具中保存,如存储柜、抽屉、有门的书架或文件架等。存柜架应采用不可燃、耐腐蚀的材料,避免使用木制及类似材料。木制材料易燃烧、易腐蚀,还可能挥发出某些有害气体,促使底片、照片老化或褪色。存柜架的喷涂用料应稳定耐用,且对贮存的底片、照片无有害影响。对存柜架进行排列时,应保证空气能在其内部循环流通。

（4）底片、照片

应恒温、恒湿保存。长期贮存环境，24 小时内温度的周期变化不应大于 ±2 ℃，相对湿度变化不应大于 5%。中期贮存环境，24 小时内温度的周期变化不应大于 ±5 ℃，相对湿度变化不应大于 ±10%，所推荐的温度、湿度条件，应在各单独的贮存器具内或整个贮存室内加以保证。底片、照片保存的温、湿度与提供利用房内的温、湿度若存在较大差别，应设缓冲间，在其提供利用前应在缓冲间过渡几小时。

（5）为保证存库的温、湿度条件，应配备独立的空气调节系统

贮存库的气压应保持正压状态，以防止外界空气渗入。去湿应选用恒湿控制的自动制冷型除湿机，加湿应选用可控式加湿机，不应使用水盆或饱和化学溶液，以免导致湿度过高。

（6）进入储存室或贮存柜的空气

应首先经过机械过滤器过滤，以免空气中的固体颗粒擦伤胶片或与胶片起反应。过滤器宜采用干质型，应不可燃，其捕捉率不应低于 85%。

（7）应使用洗涤或吸收等空气净化装置

去除空气中的二氧化硫、硫化氢、过氧化物、臭氧、酸性雾气、氨和氧化氮等气体杂质。

（8）油漆的挥发气体是一种氧化污染源，应控制使用

若贮存环境新刷油漆，应在三个月后投入使用。对其他存有污染源的新贮存环境，亦应搁置一段时期后再投入使用。

（9）硝酸片基胶片会释放出有害气体

因此，不应与其他胶片同处存放，也不应与其他胶片使用同一通风系统。

（10）库房条件

库房条件和防火、防潮、防日光及紫外线照射、防污染、防有害生物、防震、防盗等要求。

存库房应保持整齐、清洁，应有严格的使用和存放规则。

（11）照片及底片有关要求

照片文件入库前应进行检查。对受污染的照片、底片应进行必要的技术处理，防止受污染的照片、底片入库。接触底片的人员应戴洁净的棉薄手套，轻拿底片的边缘。底片册、照片册应立放，不应堆积平放，以免堆在下面的底片、照片受压后造成粘连。珍贵的、重要的、使用频率高的底片应进行拷贝，异地保存。拷贝片提供利用，以便更好地保存母片。每隔两年应对底片、照片进行一次抽样检查。

不超过五年进行一次全面检查。若温、湿度出现严重波动,应缩短检查的间隔期。检查中应密切注意底片、照片的变化情况(卷曲、变形、变脆、粘连、破损、霉斑、褪色等),亦应注意包装材料的变质问题,并做好检查记录。若发现问题,应查明原因,及时采取补救措施。

第三节　高校音像档案的整理、编目与保管

音像档案是记录声音、图像信号的,具有文献或研究查考价值的各种磁性载体材料。它是利用现代磁性记录方法,通过磁性录音机、录像机及其磁性媒介体——磁带,将声音和图像的音频、视频信号记录在磁带上,将学校招生、教学、科研、管理等各项重大活动、各种事件、各种人物、各种现象以及各种声音记录下来。音像档案包括录音档案和录像档案。音像档案是高校档案的一个重要组成部分,它具有再现原声与真实情景的特点,能生动具体地再现学校在招生、教学、科研和管理等方面的工作成果,全面而真实地记录学校各个时期发展的历史面貌,具有重要的凭证作用和历史的参考价值。

录音档案是使用机械、光学或电磁等方法把声音记录下来而形成的档案,它包括唱片胶版、录音磁带、激光唱片等。录像档案是使用光学、电磁等方法记录图像和伴音信号而形成的档案,它又分为磁性录像档案和非磁性录像档案。磁性录像档案以磁性物质为载体,非磁性录像档案采用机械录像或激光录像。目前,高等学校中较多保存的是磁性录像档案。

一、音像档案的分类整理

(一)音像文件分类

音像文件,按照不同标准可以进行多种分类。按介质分为纸质材料和音像载体材料;按载体材料类型,又可以分为录音制品、录像制品、幻灯片、磁盘、影视胶片、缩微胶片、光盘等;同一类型的音像载体材料还可以按幅面尺寸再细分。

(二)音像文件归档分工

第一,综合管理材料由学校综合主管部门或现代教育技术中心立卷归档;第

二,制作项目文件材料音像制品,由制作项目单位或个人立卷归档;第三,两个以上单位共同制作的,由主办单位立卷归档;第四,外单位制作的反应本校活动的音像载体材料。

(三)音像文件整理

第一,检查应归档的音像文件是否完整、准确、系统、配套,声音、画面是否清晰,对有局部划伤、断裂者,应及时修补、粘贴;有生霉、发潮的,要及时冲淡、风干。第二,根据音像载体文件材料的形成规律保持文件之间的有机联系,便于保管和利用的原则,结合内容、价值、数量和载体类型、幅面尺寸,进行系统整理,组成保管单位。第三,音像材料要有相应的文字材料,包括完成原本、定稿本、长度、时间、内容简介、色彩、密级、制作单位和人员等。第四,音像文件材料的档号要与文字材料档案的档号保持一致,音像制作的文字材料整理要求按《文件材料归档流程》的相关条款执行。第五,音像材料的装具,一般应使用原装具。经制作后的单件音像材料,可用符合规范的专门的盒、册、封套装载。

二、音像档案的编号与编目

在全宗内,音像档案一般按年代—问题进行分类编号。

(一)录音带、录像带档案的整理以自然盒为一卷

在高等学校的档案中,录音、录像档案形成的量并不大,内容也比较单一,可暂不分类而仅按年度流水编号,音像档案较多的学校,可按内容进行分类编号,编号采用流水编号或分类号—类流水号。

(二)软盘、光盘以每张为一卷

每盒(盘、张)的外套上要贴有标签,注明内容、主要责任者、形成时间、带长(分钟)、编号、型号和保管期限等项目。同一内容分录几盘的应视为一个案卷,编一个案卷号,然后每盘再依次编排序号。

音像档案的保管单位依不同载体而定,可以是卷、册、盒、盘、张、件等。保管单位号依载体流水编号。年度号用音像材料形成的自然年度。

音像文件经过分类整理和编号后,必须分别编制目录,以利于保管和利用。

著录时必须注意：

第一，一盘或一盒磁带为一个保管单位，著录一个条目。

第二，互见号是指纸质载体文件的档号。

第三，如一项内容的摄录是由多盒磁带录制而成的，就须在题名后注明盒的顺序号。

第四，节目时间是指该内容的录音或录像能播放的时间长度（分钟）。

三、音像档案的保管

音像档案的保管，要具备良好的条件。磁带的突出缺点是：容易受温度和湿度的影响，温度过高，磁带的带基会发胀，发硬；温度过低，带基收缩，会出现叠状皱纹，致使磁带变形。湿度过高，磁带会发黏，长霉，导致带基变质，磁粉脱落；湿度过低，磁带变得干燥，带基阻值变大，会出现放电杂波。总之，音像档案的保管，应做到以下几点。

第一，存放音像档案的库房，必须远离强磁性设备，也不能在存放磁带档案的柜架周围放置电源装置、电视机、扬声器等，以避免磁带在磁场的作用下产生消磁现象。

第二，保持库房内恒温恒湿。由于温湿度高低对音像档案影响很大。因此，要始终保持库房内恒温恒湿，温度在 15～27 ℃，相对湿度 40％～50％为宜，在 24 小时内温度变化上下不得超过正负 3 ℃，相对湿度不得超过正负 5％，最佳环境温度是 18 ℃，相对湿度是 40％。

第三，音像档案保管要做到八防，即防火、防光、防磁（磁带使用与保管场地应远离磁场）、防盗、防潮、防高温、防高湿、防虫。

第四，磁带、光盘要求专柜存放。录音带、录像带、光盘应放在专柜内，可采用金属柜和防磁柜，并且应垂直存放于柜架，平放每叠不超过五盒，切勿挤压。

第五，定期检查音像档案质量。录音带、录像带、照片，一般每隔半年检查一次，如发现磁带变形、断裂、磁粉脱落、照片发黄、发霉变质等现象，应及时采取措施加以补救。

第六，不得任意消磁、涂改、销毁档案。音像档案未经鉴定和批准，不得私自消磁和涂改。如需复制，除档案形成部门外应办理批准手续。销毁音像档案，必须由档案馆和档案形成部门提出意见，并报主管校长批准。

第五章 高校档案数字化

第一节 高校档案数字化的概念和工作流程

一、高校档案数字化的概念

高校档案数字化是随着学校计算机网络技术、数据库技术以及多媒体技术的发展而产生的一种新型档案信息形态,它把分散于不同载体、不同地理位置的信息资源以数字化的形式存储,以网络化的方式互相连接,从而提供及时利用,实现资源共享,它的出现给现有的学校档案工作带来新的挑战和机遇。

可以转换为数字化信息的档案类型包括纸质档案、照片档案、录音档案、录像档案、缩微胶片等,转换之后的数字信息可以有文本、图形、图像、音频、视频多种媒体格式。

二、高校档案数字化的工作流程

由于档案工作的保密性,档案工作人员进行档案数字化工作必须制定安全保密管理机制,保障档案原件和数字化档案信息的安全。为了确保档案数字化工作的清晰、明确和可视,主要设计了以下工作流程。

(一)提取档案

从档案库房中提取需要数字化加工的档案原件,并填写好出入库登记表。针对此批档案案卷量进行划分批次,放置到扫描处理档案处存放,要确保纸质档案的安全。

(二)档案整理

将已经整理好的档案进行拆装,为档案扫描工作做准备。具体是将档案拆盒拆除装订,要注意保护档案不受损害,褶皱的档案原件要先进行压平或者烫平。

整理过程必须校对每一卷档案的起始页码和页数,如果发现问题要记录下来,经过档案部门领导确认同意后修改。

(三)数字化转换

数字化的转换主要是将记录在传统载体上的档案信息通过模数转换技术和设备转换为以数字形式表示的信息资源。不同类型的档案,模数转换技术和设备不同。纸质档案、照片的数字化加工主要采用扫描仪、数码相机等设备加以扫描和拍照,缩微胶片的数字化主要采用缩微胶片扫描仪加以扫描。录音档案的数字化设备主要是音频采集卡,录像档案的数字化设备则是视频采集卡,录音、录像的输出设备通过特定的音视频传输线与音频采集卡、视频采集卡相连,音频采集卡、视频采集卡安装在计算机上。

这一阶段的主要问题是有关技术参数的选择。在选择技术参数时,要兼顾以下三个方面的问题。

第一,原始信息的保真,数字信息应该尽可能地清晰、准确地再现档案原件的面貌。

第二,用户利用的便利,数字信息应便于传输、浏览,可满足不同用户的操作要求。

第三,档案原件的保护,数字化加工过程要保证档案原件,尤其是濒危档案不受损失。

积极吸纳国际、国内成熟稳定的标准规范、指南、手册的规定和建议,切实把握数字化信息资源利用和管理的需求,将有助于提高数字化加工的水准。

(四)信息核查

运用专业的档案扫描管理系统或者直接运用专业的图像查看软件,对每一页扫描的影像进行检查,检查原件编码页数与数字化后的电子文件数量是否一致;针对档案页码颠倒错乱的情况,利用扫描管理系统进行调换;如果出现有缺页少页的必须补扫;如果有信息不清楚的必须重新扫描,并且替换原扫描信息。

(五)信息处理

对扫描之后的信息文件的瑕疵进行处理,包括纠偏、压缩、去边、去污、去燥、去干扰、图像拼接,采用光学符号识别(OCR)技术对图像中的文字进行识别,通过矢量化技术将光栅图像转化为矢量图形等。在需要的情况下,还可以嵌入数字水印,以保护数字化档案资源的知识产权。

(六)信息存储

此项工作的重点是信息存储格式的选择和信息的命名。存储格式的选择主要考虑对原始文件的保真程度、存储文件大小、格式的通用性和格式的标准程度。PDF 格式的电子文件因可长期保存以及具有较高的可信度,被专家推荐为可长期保持的电子文件的保存格式,也可作为信息存储的最佳格式。但在硬盘和光盘备份时,应该选择 TIFF 或者 JPG 格式存储。采用多种格式不同介质的存储方式有利于电子文件的保存和抵抗外面信息环境的变化。整个命名和存储信息的过程,可利用计算机的扫描系统和条码识别系统自动处理,条码识别系统会自动识别档案处理过程中所贴的条码,并据此命名电子文件。

(七)建立索引库

建立索引库即可查找相关电子文件元数据信息,包括各类描述性条目内容。如果档案管理系统中已经录入条目信息,可通过数据库管理软件导出通用数据格式的索引目录。没有录入条目信息的档案管理系统,可根据系统导入的数据格式制作索引目录。

(八)数据挂接和测试调阅

档案数字化转化过程中形成的目录索引与图像数据库,通过网络及时加载到数据服务器端汇总。通过编制程序或借助相应软件,可实现目录数据对相关联的数字图像的自动搜索、加入对应的电子地址信息等,整个导入过程必须严格遵照各高校档案管理系统技术标准要求,保障数据的安全性和完整性。对导入后的图像信息进行抽检式调阅测试,保证图像数据信息能在档案管理系统中正确流转和调阅。

(九)数据验收和数据备份

以抽检方式检查完成的数字化转换索引数据,包括目录数据库、图像文件、数据挂接的总体质量。整个过程需要有相应的检测报告。审核通过的电子图像数据必须即刻备份,为保证数据安全,备份载体的选择应该多样化,可采用在线、离线相结合的方式实现多套备份,并注意异地保存。

(十)档案装订还原

从图像核查存放处取出已经刻录完成的档案材料,按照批次核对检查和整理,做到和扫描前档案一致,并按照之前的装订方式重新装订。

档案数字化工作是档案信息化的基础。通过这一工作流程,可以看出档案数字化工作并不是神秘和繁琐的,运用科学的流程管理方法和现代计算机完全可以实现部分档案数字化工作自动处理。高校中有广大的学生资源,一些必须由人工处理的机械性工作可以交给学生来完成。但是在整个数字化过程中必须要有档案人员的指导和参与,才能有效把控档案信息数量的准确性和电子数据的有效性。随着科学技术的发展,信息化技术的不断进步,档案数字化流程一定会在工作实践中得到完善和补充。

第二节 档案数字化工作的要求

一、遵循国家的法律法规

档案数字化加工和服务要在法律框架和行业规范下进行,以保护合法权益,避免非法利用。档案数字化工作需要遵守的法律法规主要有以下几项。

(一)关于档案公开和保密的法律法规

高校档案部门提供数字化档案信息服务,既要履行法定的信息公开义务,又不能泄露国家秘密和学校秘密。主要的法规有《中华人民共和国档案法》《中华人民共和国保守国家秘密法》等。

《中华人民共和国档案法》规定:保密档案的管理和利用,密级的变更和解密,必须按照国家有关保密的法律和行政法规的规定办理。《中华人民共和国保守国家秘密法》规定:国家秘密是关系国家的安全和利益,依照法定程序确定,在一定时间内只限一定范围的人员知悉的事项。

(二)保护知识产权的法律法规

《中华人民共和国著作权法》规定,像部门档案、个人档案等,这些档案的数字化加工可能涉及其复制权,网络发布、提供利用可能涉及其发表权、信息网络传播权、汇编权,此类档案的数字化加工和提供服务可能引起法律争议。虽然《信息网络传播权保护条例》规定:图书馆、档案馆、纪念馆、博物馆、美术馆等可以不经著作权人许可,通过信息网络向本馆馆内服务对象提供本馆收藏的合法出版的数字作品和依法为陈列或者保存版本的需要以数字化形式复制的作品,不向其支付报酬,但不得直接或者间接获得经济利益。

(三)隐私权保护的法律法规

数字化档案的服务不得侵犯个人的隐私,关于这一点已经达成了共识。档案数字化工作要注意保护私人信息不受他人非法搜集、刺探、公开利用和侵扰。我国现在还没有专门的法律法规保护隐私权,只是散见于其他的法律法规中,如《中华人民共和国民法通则》《中华人民共和国民事诉讼法》《中华人民共和国未成年人保护法》等。档案数字化实践中的个人隐私保护,应当充分尊重国际惯例,尊重当事人的意见。

(四)网络服务行为规范

在一些情况下,除了通过网络提供原文和目录信息的查找服务之外,以数字方式加工三次文献并出版发行也是开发利用的具体方式,这时需要遵守《电子出版物管理规定》《互联网出版管理暂行规定》等有关规定。

二、遵循行业标准

标准的重要性只有在共享中才能显现,越普遍的共享,越需要以遵守标准为前提。

档案数字化工作一般遵循以下采标原则:凡是已有相应国家标准的,应优先采用国家标准;当国家标准尚未制定时,可参照和采用相应的国际标准。

在遵循标准的过程中还应该认识到标准升级或更新可能导致的风险。《文献档案资料数字化工作导则》规定了两方面的指导原则。

其一,数据兼容。

在兼容未来发展技术的基础上,遵循普遍性、权威性、合理性等原则建立的行业标准或企业内部标准,可过渡性的保留使用。但其信息发布和数据传输部分的设计,应该采用模块化堆叠设计,以保证在国家标准或国际标准颁布实施时,信息发布和数据传输可根据新的标准体系方便地升级。

其二,数据共享。

为了使采用新标准对原系统的影响最小化,减少投入风险,凡采用内部标准设计的系统,均须考虑建立在二次检索基础上的数据共享接口设计,并至少为数据的重复使用和管理建立联机和脱机使用的两种模式。

三、目标合理

高校档案数字化的目标在于建立高质量的、便于使用的数字化资源,可以长久保存、反复使用,可以被广泛、方便地获取,可以应用于不同的环境。目标主要包括以下几方面。

(一)方便用户查询和利用

数字形式的信息最大的优点在于易于复制、更改,快速检索,异地传输、远程利用等操作。数字化可以极大地提高档案信息的实用性,为档案价值的充分发挥创造便利条件。这也是档案数字化工作最为重要的目标。

(二)汇聚分散保存的档案信息

通过网络可以汇聚高校分散存储在各部门的档案信息,实现更广范围内的资源整合和资源共享。目标的合理性很大程度上体现在数字化对象的鉴选上。《纸质档案数字化技术规范》中规定了两大鉴选原则:一是合法性原则,进行数字化的档案必须符合国家档案开放规定以及有关规定,属于开放范畴的档案才能数字化;二是价值性原则,属于归档范围且应当永久或长期保存的、社会利用价值高的档案可进行数字化。这两大原则要结合各高校的具体情况加以灵活运用。

(三)保护档案原件

档案数字化可以减少对传统档案载体的损害,有效地保护档案原件。此外,档案数字化的异地保存,还是防范天灾人祸对档案造成毁灭性打击的有效方法。

四、强化核查

档案数字化工作的内容较多,开展工作的人员众多,容易造成质量差错、安全事故风险,因此,要强化监督、审核和检查工作。

(一)数字化档案与原件进行核查

数字化档案与其原文件进行核查,包括对文字内容的校对,图像、音频、视频质量的检查,密级校核等。如果发现问题,及时弥补。

(二)机读目录核查

机读目录是档案检索的依据,因此应该确保其准确和完整。对这项工作的核查要十分重视,可以开展多次校核。

用户如果想获取档案原文信息,不仅目录要准确,档案数字化原文还要与机读目录之间建立准确的挂接。一般采用抽查的方法来进行数据挂接核查,抽检比率不低于5%。

(三)安全审查

安全审查贯穿于档案数字化的全过程。档案的出库、入库、拆卷、装订要进行检查,确保原文件不损坏、不丢失,内容不泄露;数字化的加工、存储、组织、服务、维护阶段要对各种安全技术、安全管理措施的效果进行检查和审计。

第三节　档案数字化的关键技术

一、数字化加工技术

数字化加工技术因档案的不同材质和记录方式不同而不同。纸质档案、照片、底片、缩微胶片的数字化主要采用的是扫描技术。如果扫描效果不好,或者载体无法扫描时,可以采用数码拍摄的方法。而录音档案和录像档案则主要采用针对声音、视频的模数转换技术,还可以采用数字录音、数字摄像的方法。

(一)扫描技术

扫描是通过扫描仪将档案原文图像转换成电子文件的技术。扫描仪是利用光电技术和数字处理技术,以扫描方式将图形或图像信息转换为数字信号的装置。扫描仪通常被用于计算机外部仪器设备,通过捕获图像并将之转换成计算机可以显示、编辑、存储和输出的数字化输入设备。扫描仪对照片、文本页面、图纸、美术图画、照相底片、菲林软片,甚至纺织品、标牌面板、印制板样品等三维对象都可作为扫描对象,提取和将原始的线条、图形、文字、照片、平面实物转换成可以编辑及加入文件中的装置。各高校可根据档案的特点和经费情况来选择扫描仪的种类。

第一,扫描仪的技术指标。

①光学分辨率

光学分辨率是指扫描仪在扫描时所达到的精细程度,是衡量扫描仪性能高低的重要指标。它通过扫描元件将扫描对象每英寸可以捕获的点数来表示,单位是dpi(dots per inch)。dpi 的数值越大,扫描的效果越好。它表示的方式是用垂直分辨率和水平分辨率相乘。如 600 dpi×1200 dpi,其中前一个数字代表扫描仪的横向分辨率,后一个数字代表扫描仪的纵向分辨率。扫描仪的纵向分辨率是横向分辨率的两倍,有时甚至是四倍。因此,在判断扫描仪光学分辨率时,应该以最小的数值为准。

②色彩位数

色彩位数又称色深,是用于表示扫描仪所能辨析的色彩范围的指标,是对采样来的每一个像素点提供的不同通道的数字化位数的叠加值。通常,扫描仪的色彩位数越多,就越能真实反映原始图像的色彩,扫描仪所反映的色彩就越丰富,所扫出图像的效果也越真实,同时,所形成的数据量也随之增大,导致图像文件的体积也加大。

它一般采用红绿蓝(RGB)三通道的数值总和来表达。常见的 24 位、30 位、36 位彩色扫描仪,它们每通道的量化数值分别为 8 位,10 位,12 位,表示其每通道内有 256、1024、4096 阶层次的信息。一般来说,扫描仪的色彩位数取决于扫描仪内部的模数转换器的精度,当色彩位数精度增加时,扫描设备可以捕捉的色彩细节也会增多。影响扫描仪的色彩精度的因素,除了有较高的模数转换精度外,还需要有完善的光路系统设计。

③灰度级。

灰度级反映了扫描时提供由暗到亮层次范围的能力,即从纯黑到纯白之间平滑过渡的能力。灰度级越大,扫描结果的层次就越丰富,扫描的效果越好。常见的灰度级为 8 位,即 256 级。

④扫描幅面。

扫描幅面反映的是扫描仪所能扫描纸张的大小,它取决于扫描仪的内部机构设计和扫描仪的外部物理尺寸。扫描的幅面尺寸一般有 A4(297 mm×216 mm)、A4 加长(216 mm×356 mm)、A3(297 mm×420 mm)几种,工程扫描仪还有 A0(841 mm×1 189 mm)幅面。

⑤扫描速度。

扫描速度是扫描仪的一个重要指标,是指扫描仪从预览开始到图像扫描完成后,光头移动的时间。扫描速度的表示方式一般有两种:一种用扫描标准 A4 幅面所用的时间来表示;另一种使用扫描仪完成一行扫描的时间来表示。扫描仪扫描的速度与系统配置、扫描分辨率设置、扫描尺寸、放大倍率等有密切关系。

⑥接口类型。

扫描仪与计算机连接的接口类型有 SCSI,EPP,USB,IEEE 1394 等。

第二,扫描仪的种类。

①平板扫描仪

平板扫描仪:主要扫描反射稿件。它的扫描区域为一块透明的平板玻璃,将原图放在这块玻璃平板上,光源系统通过一个传动机构作水平移动,发射出的光线照射在原图上,经反射或透射后,由接收系统接收并生成模拟信号,再通过 A/D 转换成数字信号,直接传送到电脑,由电脑进行相应的处理,完成扫描过程。

平板式扫描仪的扫描速度、精度、质量很好,光学分辨率在 300～8 000 dpi,已得到了很好的普及。

②滚筒式扫描仪

滚筒式扫描仪:把原图贴放在一个干净的有机玻璃滚筒上,让滚筒以一定的速率(通常是每分钟 300～1 500 转)围绕一个光电系统(常称为"探头")旋转。探头中有一个亮光源,发射出的光线通过细小的锥形光圈照射在原图上,一次一个像素一个像素地进行采样。如果原图采用的是反射型介质（如不透明的纸张等），那么探头从滚筒的外面照射，反射回来的光线通过一套分光滤色系统将其分成RGB三束光，再由接收系统接收并生成模拟信号。如果原图是透射型介质（如幻灯片、投影用的胶片等），那么探头是从滚筒的内部照射，接收系统接收的是透射光。生成的模拟信号由ADC（Analog to Digital Conversion，转换器）将该模拟信号转换成数字信号，通过滚筒式扫描仪内的单板机处理后，将信号传送给计算机，完成扫描过程。

由于滚筒式扫描仪的结构特殊，其优点非常明显：光学分辨率很高（2 500～8 000dpi）、高色深（30～48 bit）和很宽的动态范围、能处理大幅面的图像、速度快、生产率高。滚筒式扫描仪输出的图像普遍具有色彩还原逼真、阴影区细节丰富、放大效果优秀等特点。当然，它的缺点也很明显：占地面积大、造价非常昂贵（是平板扫描仪的5～50倍），市场上很少见到。

③胶片扫描仪

胶片扫描仪：支持大幅面快速胶片扫描，图像不需要拼接。扫描后的图像自动转换为数字化DICOM/DICONDE格式，方便光盘进行胶片图像长期存储、快速查询、调阅光盘图像，方便对外交流。光学分辨率在1 000～2 700 dpi。全中文界面，操作简单。

（二）录音档案的模数转换技术

通过放音设备、音频采集卡、音频输入线、计算机等设备和相应的音频数字化软件共同搭建而成的档案数字化转换系统，可以将模拟声音信号转化为数字音频信号。

第一，音频模数转换器。

音频模数转换器，是把经过与标准量（或参考量）比较处理后的模拟量转换成以二进制数值表示的离散信号的转换器，简称ADC或A/D转换器。音频模数转换器最重要的参数是转换的精度，通常用输出的数字信号的位数的多少表示。转换器能够准确输出的数字信号的位数越多，表示转换器能够分辨输入信号的能力越强，转换器的性能也就越好。A/D转换一般要经过采样、量化及编码三个过程。在实际电路中，有些过程是合并进行的，如量化和编码在转换过程中是同时实现的。

第二,采样。

模拟的声音信号是连续变化的。采样是指每隔一定时间间隔,采集模拟声音信号的幅度值作为样本,以样本表示原来的信号。采样频率是采样过程中的重要技术参数,即每秒钟采集多少个声音样本,这是用数字信号表达声音精确度高低的参数。采样频率越高,即采样的时间间隔越短,声音波形就表达得越精确。理论上采样频率应大于声音信号最高频率的两倍,常见的采样频率有 11.025 kHz、22.05 kHz、44.1 kHz、48 kHz 等。其中,达到 CD 音质的采样频率为 44.1 kHz。

第三,量化。

量化是指度量样本幅度值并表示为二进制码的过程。量化之前要规定信号的量化精度。量化精度,又称样本大小、量化比特率,是指样本振幅值的等级,一般用二进制位数表示,如 8 位、16 位等,达到 CD 音质的量化精度是 16 位。根据量化精度,可以明确每一个量化级别对应的幅度范围,将样本幅度值与之比较,就可以得出离散的量化值。

量化精度越高,量化级别就越多,声音还原效果越好。除了量化精度外,本阶段的主要技术参数还有声道数,常见的声道数包括单声道、双声道、5＋1 声道、7＋1 声道等,声道数越多,音质越好。

第四,编码。

编码是指用相应位数的二进制代码按照规定的格式表示量化后的样本。编码阶段的技术参数有编码方式、文件格式、压缩算法等。常见的编码方式包括脉冲编码调制(Pulse Code Modulation,PCM)无压缩编码和 MPEG－1 Layer3 压缩编码方式等,利用前者可形成 MAV 格式的音频文件,利用后者可形成 MP3 格式的音频文件。MAV 格式也支持多种压缩算法,通用性好,保真度高,常用作音频文件的存档格式。MP3 压缩比高,音质较好,是互联网上流行的音频格式,可用于录音档案的提供利用。此外,还可采用 RM、MOV 等流媒体格式提供网络利用。凡压缩编码形成的音频文件在使用过程中,重复编码和解码会导致内容质量的损伤。

(三)录像档案的模数转换技术

通过录像设备、视频采集压缩卡、视频输入线、计算机、编辑机等设备和相应的视频数字化处理软件共同搭建而成的录像档案数字化转换系统,可以将模拟视频信号转化为数字视频信号。主要过程包括采样、量化和编码。录像档案数字化过程比录音档案数字化过程复杂很多,除了采集音频信号之外,还要采集视频信号,而后者是由一系列静止的图像组成。录像档案数字化之后形成的视频文件,可根据用途选用 MPEG1（VCD 格式）、MPEG2（DVD 格式）、MPEG4、RM、MOV、ASF 等中的一种或多种格式。其中 MPEG1、MPEG2 主要用于存档,MPEG4、RM、MOV、ASF 则是用于网络传输的流媒体格式。目前档案部门多采用 MPEG2 格式,相应的数据传输率不低于 4 Mbps。

二、数字化识别技术

在档案数字化领域得以应用的识别技术主要有光学字符识别技术和图形矢量化技术,还有一项具有很大潜力的语音识别技术。

(一)光学字符识别技术

第一,定义。

光学字符识别技术（Optical Character Recognition）,是通过图像处理和模式识别技术对光学的字符进行识别,是自动识别技术研究和应用领域中的一个重要方面。它是一种能够将文字自动识别录入到电脑中的软件技术,是与扫描仪配套的主要软件,属于非键盘输入范畴,需要图像输入设备,主要是与扫描仪相配合。

第二,系统构成。

由于扫描仪的普及与广泛应用,光学字符识别软件只需提供连接扫描仪的接口,利用扫描仪驱动软件即可。因此,光学字符识别软件主要是由图像处理模块、版面划分模块、文字识别模块和文字编辑模块等四部分组成。

①图像处理模块

图像处理模块主要具有文稿扫描、图像缩放、图像旋转等功能。通过扫描仪输入后,文稿形成图像文件,图像处理模块可对图像进行放大,去除污点和划痕,如果图像放置不正,可以手工或自动旋转图像,目的是为文字识别创造更好的条件,使识别率更高。

②版面划分模块

版面划分模块主要包括版面划分、更改划分,即对版面的理解、字切分、归一化等,可选择自动或手动两种版面划分方式。目的是告诉光学字符识别软件将同一版面的文章、表格等分开,以便于分别处理,并按照怎样的顺序进行识别。

③文字识别模块

文字识别模块是 OCR 软件的核心部分,文字识别模块主要对输入的汉字进行"阅读",但不能一目多行,必须逐行切割,对于汉字通常也是一个字一个字地辨认,即单字识别,再进行归一化。文字识别模块通过对不同样本汉字的特征进行提取,完成识别,自动查找可疑字,具有前后联想等功能。

④文字编辑模块

文字编辑模块主要对光学字符识别后的文字进行修改、编辑,如系统识别认为有误,则文字会以醒目的红色或蓝色显示,并提供相似的文字供选择,选择编辑器供输出等。

第三,工作流程。

①图像采集

通过扫描仪等光学设备将图像传入计算机,这是第一步。

②图像预处理

任务是将整体图像分割为一个个的文字图像,包括图像的正规化、去噪、图像校正、图像分析、文字行与字分离等。

③特征抽取

这是光学字符识别技术的核心,目的是捕获字符的主要特征。特征分为两类:统计特征和结构特征。统计特征,如文字区域内的黑点和白点的数比;结构特征,如笔画端点、交叉点之数量和位置。现在,大部分采用的是结构特征抽取法。

④对比特征

特征抽取之后,将之与比对数据库或特征数据库中的记录进行比对。

⑤判断识别

根据不同的特征,选用不同的方法进行比较,识别出字符。

⑥人工校正

光学字符识别技术的识别率还没有达到 100%,自动识别后,人工校对和更正是必须的,汉字、英文字母和数字的混排以及标点符号都是容易出错的地方。

⑦结果输出

应将识别结果以恰当的方式进行存储,可以单独存成一份计算机文件,也可以将有关数据填入数据库中。

第四,识别技巧。

①分辨率的设置是文字识别的重要前提

一般来讲,扫描仪提供较多的图像信息,识别软件比较容易得出识别结果。但也不是扫描分辨率设得越高识别正确率就越高。选择 300 dpi 或 400 dpi 分辨率,适合大部分文档扫描。注意文字原稿的扫描识别,设置扫描分辨率时千万不要超过扫描仪的光学分辨率,不然会得不偿失。

②扫描时适当地调整好亮度和对比度值,使扫描文件黑白分明

这对识别率的影响最为关键,扫描亮度和对比度值的设定以观察扫描后的图像中汉字的笔画较细但又不断开为原则。进行识别前,先看看扫描得到的图像中文字质量如何,如果图像存在黑点或黑斑时或文字线条很粗很黑,分不清笔画时,说明亮度值太小了,应该试试增加亮度值;如果文字线条凹凸不平,有断线甚至图像中汉字轮廓严重残缺时,说明亮度值太大了,应减小亮度后再试试。

③选好扫描软件

选一款好的适合本单位的光学字符识别软件是做好文字识别工作的基础,一般不要使用扫描仪自带的 OEM 软件,OEM 的光学字符识别软件的功能少、效果差,有的甚至没有中文识别。再选一个图像软件,第一,光学字符识别软件不能识别所有的扫描仪;第二,也是最关键的,利用图像软件的扫描接口扫描出来的图像便于处理。

④如果要进行的文本是带有格式的,如粗体、斜体、首行缩进等,部分光学字符识别软件识别不出来,会丢失格式或出现乱码。如果必须扫描带有格式的文本,事先要确保使用的识别软件是否支持文字格式的扫描。也可以关闭样式识别系统,使软件集中注意力查找正确的字符,不再顾及字体和字体格式。

⑤在扫描识别报纸或其他半透明文稿时,背面的文字透过纸张混淆文字字形,对识别会造成很大的障碍。遇到该类扫描,只要在扫描原稿的背面附盖一张黑纸,扫描时,增加扫描对比度,即可减少背面模糊字体的影响,提高识别正确率。

⑥一般文本扫描原稿都为黑、白两色原稿,但是在扫描设置时却常将扫描模式设为灰度模式。特别是在原稿质量较差时,使用灰度模式扫描,并在扫描软件处理完后再继续识别,这样会得到较好的识别正确率。值得注意的是光学字符识别软件可以自己确定阈值,几个百分点的阈值差异,可能就会影响识别的正常进行。当然,得到的图像文件的大小会比黑白文件大很多。在进行大批量文稿扫描

时，必须对原稿进行测试，找到最佳的阈值百分比。

⑦遇到图文混排的扫描原稿，首先明确使用的识别软件是否支持自动分析图文这一功能。

如果支持的话，在进行这类扫描识别时，光学字符识别软件会自动计算出文本的内容、位置和先后顺序。文字部分可以按照标示顺序正常识别。

⑧手动选取扫描区域会有更好的识别效果。

设置好参数后，先预览一下，然后开始选取扫描区域。不要将要用的文章一股脑儿选在一个区域内，因为现在的文章排版为了追求更好的视觉效果，使用图文混排的较多，扫成一幅图像会影响光学字符识别软件识别。因此，要根据实际情况将版面分成 N 个区域，怎么划分区域呢？每一区域内的文字字体、字号最好一致，没有图形、图像，每一行的宽度一致，遇到长短不一，再细分，一般一次最多可扫描 10 个选区。根据不同情况，合理地设置识别区域的顺序。这是提高识别率的有效手段。注意各识别区域不能有交叉，做到一切觉得完好以后再进行识别。这样一般的识别率会在 95％以上，对于识别不正确的文字进行校对后，就可以进入相应的文字处理软件进行所需的处理了。

⑨在放置扫描原稿时，把扫描的文字材料一定要摆放在扫描起始线正中，以最大限度地减小由于光学透镜导致的失真。同时应保护扫描仪玻璃的干净和不受损害。文字有一定角度的倾斜，或者是原稿文字部分为不正规排版，必须在扫描后使用旋转工具，进行纠正；否则光学字符识别软件会将水平笔画当作斜笔画处理，识别正确率会下降很多。建议用户尽量将扫描原稿放正，用工具旋转纠正会降低图像质量，使字符识别更加困难。

⑩先"预览"整体版面，选定要扫描的区域，再用"放大预览"工具，选择一小块进行放大显示到全屏幕，观察其文字的对比度，文字的深浅浓度，据情况调整"阈值"的大小，最终要求文字清晰，不浓不淡，一般在"阈值"80 左右为宜，最后再扫描。

⑪用工具擦掉图像污点，包括原来版面中的不需要识别的插图、分隔线等，使文字图像中除了文字没有一点儿多余的东西；这可以提高识别率并减少识别后的修改工作。

⑫如果要扫描印刷质量稍微差一些的文章，比如说报纸，扫描的结果将不会黑白分明，会出现大量的黑点，而且在字体的笔画上也会出现粘连现象，这两项可是汉字识别的大忌，将严重影响汉字识别的正确率。为获得较好的识别结果，必

须仔细进行色调调节,反复扫描多次才能获得比较理想的结果。另外由于报纸很薄且大部分纸质不高,导致扫描仪上盖板不能完全压住报纸,所以一般情况下报纸的扫描识别效果没有杂志的效果好。解决办法是在报纸上压一至两本16K的杂志,可以起到很好的效果。

(二)图形矢量化技术

第一,定义。

图形矢量化,是对扫描所得的光栅图像数据加以分析、识别,最终重建其中的图形对象、形成矢量数据的过程。矢量化的图形是用直线和曲线来描述,这些图形的元素是一些点、线、矩形、多边形、圆和弧线等。矢量化后的图形可以利用计算机直接调用、编辑、计算、统计、分析图形要素,如点、线、面等,从而提高图形的利用效率。在工程设计、工程管理、测绘等领域应用得比较广泛。

第二,优点。

矢量化图形有很多优点:首先,矢量化图形由简单的几何图形元素组成,比较紧凑,所占存储空间小;其次,矢量化图形易于进行编辑,对其进行编辑的时候,如进行旋转、拉伸、平移等操作时仅需要修改相应几何图形元素的参数信息;第三,用矢量表示的对象易于放大或者压缩,而且不会降低其在计算机中的显示质量,矢量化图形的放缩能够保持边角的尖锐等特性,不会出现模糊影响显示质量。

(三)语音识别技术

语音识别技术,也被称为自动语音识别(Automatic Speech Recognition, ASR),其目标是将人类语音中的词汇内容转换为计算机可读的输入,例如按键、二进制编码或者字符序列。它所涉及的领域有信号处理、模式识别、概率论和信息论、发声机理和听觉机理、人工智能等。其应用受到语音的词汇量、清晰度、口音等条件的限制。现在的语音识别技术还不够成熟,档案数字化领域还没有使用,但是它具有巨大的潜力。

第六章 教学档案集成管理之创新

第一节 高校教学档案系统开发集成管理模式研究

一、项目研究背景与指导思想

近几年,国外先进的教育管理理念不断促进国内高等教育的改革和发展,高校办学规模不断扩大,各类文件资料随之增多,教学档案作为教学管理的主要内容之一,也越来越凸显其重要性。但是,在实际工作中,校级档案馆以综合性档案管理为主,其专业性强,有稳定的档案管理专业队伍,有规范化的管理模式、标准化的达标体系;相对而言,二级学院的档案管理长期以来不被重视,高校在扩大规模强化二级管理的同时,大量来自教学第一线,又未经系统整理的教学文件资料在二级学院束之高阁,无人问津。而这些材料恰恰是体现教学质量的凭证,对二级学院师生的教学科研、学科发展作用很大,若能得到充分的开发利用,将有助于提升高校的教学质量。

借助教学评估的契机,课题组成员通过调查研究,发现不少二级学院虽然通过了教育部的教学评估,但仍存在教学档案管理滞后,缺乏宏观指导等现象。主要表现在:重管理、轻档案,对教学档案管理的意义理解不深;教学文件归档没有规范的统一标准和程序,随意性较大,缺乏标准化管理体系和连续性管理的长效机制,应付教学评估的多;档案意识薄弱,教学文件收集困难,材料不齐全;档案管理手段落后,仅停留在被动服务的状态,未能主动对材料进行系统开发;大都由未经过档案专业培训的兼职档案员保管。由于缺乏规范的管理模式,部分兼职档案员面对教学评估指标和教学档案的整理无所适从,殊不知教学评估专家除了查看学校层面的教学评估材料以外,还需要了解、检查基层教学单位的教学规范情况,教学档案资料无疑是最佳的佐证。

针对上述教学档案管理现状与问题,课题组在设计研究方案时认为,应尽快从院系教学档案基础建设抓起,建立二级学院教学档案管理的长效机制,使更多的学校能从容地向评估专家展示教学管理的新成果。

为了保证研究成果具有前瞻性、广泛性和实用性,课题组对二级学院教学档案管理进行了改革,大胆创新纸质和电子文件的管理模式,科学建立教学档案体系,系统编研教学档案,创建了"资料档案在线"网站。同时,在部分高校进行试点工作,旨在寻找高校基层档案管理的适用共性,研究高校二级学院教学档案集成管理模式的最佳模式和应用需求,指导高校二级学院档案建设。新建的档案管理模式,经过三年多时间的运作,效果明显,其先进性、全面性和实用性受到众多领导、专家的肯定。

二、教学档案集成管理模式的理论框架

教学档案集成管理模式是根据 21 世纪信息时代电子文件和档案管理的发展方向,结合高等教育的各种需求背景,为促进高校教学管理水平的提升而设计的。本项目侧重研究并借鉴集成优势互补的理念及其整体优化的原则,提出了高校基层教学档案集成管理的理论框架构想。

该理论体系从基层档案管理与利用的实际出发,将教学档案信息管理与服务的全过程作为一个有机的系统,以全方位、全范围和全阶段的"大集成"管理思想,赋予教学档案管理体系的系统性和动态性,使文件运动各个环节规范标准,使重要的界面关系纳入档案管理状态,进行控制、协调和沟通,达到领导重视、教师参与,不断开发创新的相互影响、相互交流、相互作用的效果,实现为教学科研服务,提高教学质量的目标。

其主要内容包括理念集成、过程集成、组织集成、方法集成;基本原则包含了"双轨制"原则、全程管理原则、界面管理原则等。

(一)基本原则

第一,"双轨制"原则:采取纸质文档与电子文档同时归档的方法,确保文件资料的安全和利用,并统一实行集成管理。旨在改变检索工具单一状况,建立和完善多种检索渠道,最大限度地实现教学资料信息为教学服务的目标。

第二,全程管理原则:根据教学文件运动的客观规律,从宏观的角度全面有效地控制文件从形成到永久保存或销毁的生命过程,以及对管理过程的"全程控制

第三,界面管理原则:档案界面管理是一种相互促进的交互作用,即实行教学档案动态收集和静态资料的集成化,对所有的交流、协调、合作问题进行有效的系统控制,达到提高教学档案质量的目的。

(二)集成内容

第一,理念集成:集成管理是一项系统管理,明确集成目标至关重要。课题组以集成思想为指导,突破惯有的教学档案常规管理模式,以积极探索精神来重构院系档案。例如,对院系档案进行前瞻性的规划,将档案所涉及的人、物资源进行重新整合,使之达到优势互补,从而产生集成管理前未能达到的效果。

第二,过程集成:指集成管理的过程运行,运用全程管理原则。根据院系的实际情况,按教学文件生命周期各个阶段的特点和管理要求,对院系所有教学文件资料的产生、收集、整理、保存或销毁等,实行全程管理,努力实现教学档案全方位、全范围和全阶段的集成化管理。

第三,组织集成:包括机构组织沟通界面和人脉组织沟通界面管理。机构组织沟通界面包括各部门相互间的关系,办公室与各系部、研究所之间的关系;人脉组织沟通界面有领导与教师的关系,教师与学生的关系,档案员与师生的关系等一环套一环的网络结构。例如:教师和学生是教学文件材料产生的主体,收集教学档案需要师生之间的沟通互助、团队的配合才能奏效。只有在材料的产生、收集、整理等接口处把好质量关,才能对教学过程中运作的问题进行有效地、有次序的控制。为了克服界面障碍,解决界面双方在管理分工与协作的矛盾,还需要制度来保障实施,通过制度实现众多组织的聚集与界面管理的集成运行,发挥档案管理的整体优化功能。

第四,方法集成:课题组以档案学原理为基础,运用集成管理思想来指导档案管理实践,综合运用文学、美学、档案学、管理学、传播学、计算机网络等交叉学科理论知识的创造性融合,将各种不同的方法、手段、工具等资源要素有机地纳入到管理视野之中,并进行科学重组。

三、教学档案集成管理模式的实践框架

(一)实践方法

教学档案集成管理模式的实践方法是三部曲十步法。三部曲十步法是以档案学原理为理论基础而研究创设的。三部曲,即由建立体系、编研文献、数字网络三部分组成;十步法是指规范制度、搭建构架、建立盒号、收集分类、编辑目录、统计数据、撰写概况、设计装订上架、数字群库、网络检索等。三部曲十步法排序科学,集成有方,是本项目的重大成果,在实践运作中效果显著。

第一部曲:创设院系档案规范管理新制度,注重系统化、规范化、标准化,图文并茂地设计文件材料管理构架图,达到界面管理静态与动态的结合,实现文件资料的系统化管理。

第二部曲:全面开发教学档案的编研工作。从利用角度出发,以"双轨制"为原则,综合运用交叉学科的理论知识,探索教学档案纸质、数字网络以及橱窗展板等载体的编研方法,创建具有实用性的三种档案编研模式。

第三部曲:实行数字化网络化管理,创建富有特色的二级学院"资料—档案在线"网站。一是兼容图书类资料和档案类资料为一体,链接学校档案馆、图书馆等二级学院信息网站;二是运用美学、传播学、多媒体、音乐、书法绘画、计算机网络等原理,设计网页和模块;三是与纸质档案产生互动,为利用者提供网上检索的档案条目。

(二)实践载体

第一,三种编研载体。

纸质载体。借助纸质载体,借鉴编纂学中的原理,对所有教学档案按 6 个体系分类,并进行编辑研究,创设了三种编研模式。A. 以单一性表格型介绍为主的二次文献。其特点是以表格形式而编辑目录,设计中抓住材料内容的关键词,突出重点,使查阅者一目了然。B. 以成套主题性介绍为主的二次文献整理。其特点是由成套性的综合材料构成来烘托某个主题;要求编制目录时应按时间、内容列出小主题。C. 以多元化精品型为主的三次文献。其特点是按教学档案体系分篇目,集成了总目录、盒目录、各类数据、概要、图表等内容,形成了具有多功能的档案高级检索工具;其中有概述、综述、概况、总数据、主数据等。

橱窗展板载体。借助橱窗展板,利用丰富的档案内容,将文字图片数据等原始信息进行加工、整合、提炼,以图文并茂的形式举办各类主题展览。橱窗展览与汇编最大的区别在于橱窗展览文字要求浓缩、精练,适量的照片和图表与之呼应,形成具有魅力的艺术特色。其特点是根据橱窗面积安排内容,一般由几个主题组成,定时更换内容。例如:"教学、科研、学科建设成果回顾展",要求在档案原始材料的前提下撰写,然后收集照片,进行排版,设置展板背景。

多媒体编研。多媒体具有很强的可视性、可读性强和传播性,抓住这些特点,将档案信息通过计算机功能,可以使 PPT 多媒体迅速传播信息,实现新的编研效果。其特点是侧重画面声音效果,视听融为一体,更容易抓人耳目,产生良好的编研效果。

第二,建立"资料-档案在线"网站。

以对二级学院图书、档案、情报信息进行一体化管理为原则,将教学资料链接成一体,形成一个庞大的资料群库,为教师利用提供更丰富的信息资源。

系统地建立教学档案电子群库。在收集纸质文档的同时,建立电子版本的教学档案,为创建"资料档案在线"网站作铺垫。

系统地创建"资料-档案在线"网站。本网站以档案室和资料室为两大体系设置大模块与子模块,一级栏目有简介、管理分布、教学档案、科研档案、学科档案、行政档案、声像档案、教师业务档案、实物档案、图书检索、音像检索、报刊检索、学术信息服务窗等,二级栏目根据情况而定。

四、项目研究结论

第一,课题组从提高教学质量的角度,全方位地运用集成管理思想,建立了机构和人脉组织沟通界面体系,充分调动教师参与的积极性,实行对教学档案的集成管理,促进院系教学档案管理的互动。探索了交叉学科的有机结合,实现了理论指导实践出成果的目标。例如:教师业务档案的建立,促进了教师之间互相学习、积极进取的团队精神,也逐步意识到档案对自身发展的好处,每年教师自觉更新业务档案成为习惯。从而改变了教学档案收集困难的窘迫境地。

第二,从实际出发,努力创新基层档案管理实践的新模式。运用集成管理的理念,突破传统的管理模式,在国内高校二级学院教学档案管理经验匮乏的情景下,以教学评估为契机,率先研究了教学档案集成管理的理论与实践。首次提出了三部曲十步法基层档案集成管理模式,系统地编制了二级学院档案管理制度,全面开发编研了教学档案,探索了三种载体的编研形式,创建了高校二级学院"资料-档案在线"网站,从整体上把握了二级学院档案管理的规范性和创新性,拓展了二级学院档案管理的视野。

　　第三，以全新视角建立起多元化的基层档案集成管理模式，变被动为主动管理，达到档案内容和形式的完美集成，从而使无人问津的教学档案成为师生共享的参考文献，最大限度地发挥了教学档案为教师能力的发展、为分院的教学科研、为院系领导全面了解教师以及提高教学管理水平的服务功能。

　　第四，以全新视野研究了一套符合国内普通高等学校二级学院教学档案管理规律的新模式——集成管理，即将多种管理方法交织一体，使之成为鲜活的生命力，以激活教学档案的开发与利用，真正发挥了为教学研究的服务功能。

第二节　高校教学档案集成管理原则及其运作

一、教学档案集成管理的理念及体系

　　21世纪的信息全球化，交叉学科的融合为管理学领域带来了勃勃生机；集成管理因其"集合而成"的基本特征和与时俱进的优化模式，尤其受到人们的青睐。档案集成管理，是指集成主体以全新的管理理念及方法，突破人们惯有的常规模式，以积极的探索精神将集成的基本原理和方法创造性运用到档案管理中的一种实践模式。教学档案集成管理，则从集成新视角去分析教学管理活动，立体地、综合化地运用各种不同的方法、手段、工具，将教学档案组织中人力、物力等软、硬资源要素有机地纳入到管理视野之中，并将教学档案管理组织内外的各种集成要素按照制定的集成模式进行整合，促使各集成要素功能匹配、优势互补、动态开放及创造性融合；从而使得教学档案管理系统完整，整体功效倍增，变被动为主动，最终促进整个教学管理活动效率的提高。

　　教学档案集成管理模式是根据21世纪信息时代电子文件和档案未来发展方向，结合高等教育的各种需求背景，有助于二级学院的档案管理与时俱进，促进中国高校教学管理水平的提升而设计的。其研究侧重借鉴集成优势互补的理念及其整体优化的原则，建立高校基层教学档案集成管理体系。

　　从管理与利用基层档案管理的实际出发，集成管理即将教学档案信息管理与服务的全过程作为一个有机系统实施管理。中国计量学院外国语学院以全方位、全范围和全阶段的"大集成"管理思想，运用文件生命周期和集成的理念，基于界面管理交互作用的学术新观点,赋予教学档案管理体系的系统性和动态性,使文件运动各个环节规范标准,使重要的界面关系纳入档案管理状态以实现控制、协调和沟通,达到领导重视、教师积极参与、不断开发创新和相互交流档案信息的效果,实现以教学科研服务为核心,提高教学质量。

依据上述理念构筑的院系教学档案集成管理体系,内容包括理念集成、过程集成、组织集成、方法集成;其中又包含"双轨制"原则、全程管理原则、界面管理原则等;使之集成一体,创造性融合既互为统一,又交叉渗透,达到系统优化、管理高效、用户满意,最大价值实现一种最优化管理理念和一种最佳实践模式。

二、教学档案集成管理的原则内涵

中国计量大学外国语学院根据教学档案集成管理的理念与体系,运用三项基本原则,为规范院系教学档案管理起到了较好的作用。

(一)"双轨制"原则

采取纸质与电子文档同时归档的两条腿走路,确保文件资料的安全和利用,并统一实行集成管理。旨在改变师生检索工具单一状况,建立和完善多种检索渠道,最大限度地实现教学资料信息为教学服务的目标。以"双轨制"集成理念为统摄纲领,贯穿教学档案的集成管理全过程,促进纸质与电子文档界面的交互作用。

(二)全程管理原则

主要是指档案生命周期,在教学实践活动中直接形成的一切原始记录,从其形成到最后消亡或永久保存的完整生命过程。教学档案的整体性决定了档案管理的全程性。把握每个环节的界面接口联结,都应根据教学档案运动的客观规律,从宏观的角度全面有效地控制档案从生成到销毁或永久保存的生命过程,以及管理过程的"全程控制"。

(三)界面管理原则

界面原指各种仪器设备、部件、计算机等的接口,后被引入管理领域,大部分引用在企业管理中。但随着时代的变化,其内涵和外延都得到迅速地拓展,应用前景越来越广阔。教学档案界面管理,是指为完成某项档案管理任务,教学单位之间、单位内部各组织部门之间、有关成员之间在教学管理环节的人、物、信息等要素交流方面的相互作用关系。可分为三种情形:一是计算机的机械界面;二是文件入库后的整理、鉴定、保管等阶段的界面管理;三是文件的产生、收集和利用等环节界面交互。前两种界面管理主要与物交流,后一种与人沟通。具体表现形式为协调机构与人主体之间的交流与沟通的组织模式及管理方式。其实质就是解决教学档案界面各方在分工与协作之间的矛盾,提高管理的整体功能,实现教学质量绩效的最优化。

第一,公众性原则:公共关系作为一种管理职能、经营策略、传播行为和现代交往方式,自 20 世纪 80 年代初从西方引入我国以来,被广泛应用于整个社会的各个领域。公共关系的核心思想是一个组织采用传播的手段,通过与公众双向沟通来获得公众的支持。教学管理无不存在人的关系问题,运用现代公共关系的科学管理方法,通过宣传性、交际性、服务性、社会性等公关模式,协调处理教学组织机构与教师学生之间的各种界面关系,确保教育事业成功。

第二,组织沟通原则:即为了一个设定的目标,把信息、思想、观念和情感用一定的符号表示出来,在个人或群体间传递,并且达成共同协议的过程。组织是按一定规则和程序为实现其共同目标而结集的群体,组织目标的实现与否取决于组织沟通是否畅通,有效的组织沟通是任何管理艺术的精髓。它不仅有利于信息在组织内部的充分流动和共享,而且可以提高组织的工作效率,增强组织决策的科学、合理性。建立教学档案集成管理模式,可采用组织沟通的正式与非正式途径,集成公关模式等许多方法,使交流界面顺畅,达到完成制定的目标。

中国计量大学外国语学院将以上档案管理基本原则集成一体,互相渗透,并在建立的教学档案集成管理体系中融会交叉应用。

三、教学档案集成管理原则的有效运作

在实践理念集成、过程集成、组织集成、方法集成四个方面的集成管理运作中,通过"双轨制"原则、全程管理原则、界面管理原则以及公共性原则、组织沟通等原则的有机集成,达到有效的管理目标,开创了院系教学档案管理的新局面,激活高校教学改革的思路。

（一）理念集成与时俱进

集成管理是一项系统管理，明确集成目标至关重要。针对高校二级学院档案管理缺乏标准化的管理体系和连续性管理的长效机制等问题，笔者认为，管理者应站在宏观的角度，以教学档案为媒介，促进教学管理的新思路作为总纲领。集成前瞻性、科学性、先进性、创新性为一体的理念，设计二级学院档案集成化管理模式。具体操作如下。

其一，构建院系教学档案应有长远的战略视野，赋予档案集成管理系统科学内涵，要有与时俱进的理念，师生应具有强烈的团队意识和创新思想，才能使教学档案管理质量升华。

其二，以集成思想为指导，突破惯有的教学档案常规管理模式，以科学发展观来改革院系档案系统，对教学档案管理体系进行前瞻性的规划。按照一定的集成方式或模式协调一致，使之达到优势互补、聚合放大、功能倍增的动态界面。

其三，集成管理是一个与时俱进、不断调整的动态过程，以科学发展观把握宏观与微观的调整。以档案"双轨制"管理为轴心辐射各区域，每个区域的接口集成了界面管理的理念，以此改变被动单一的管理状态。

（二）过程集成环环相扣

目前国内大部分高校的二级学院重管理、轻档案现象普遍存在，教学档案不齐全，难以体现教学水平，难以通过教学档案管理来监督教学管理。为改变这种现状，中国计量学院外国语学院在教学档案集成管理实践中，运用全程管理原则，效果显著。

根据院系的实际情况，一是对文件生命周期的过程进行全程集成管理；二是研究工作方法，对管理的过程实行"全程控制气"。

首先对传统的档案管理重新审视并进行改革，按教学文件生命周期各个阶段的特点和管理要求，全面梳理院系所有产生的教学文件资料，构建系统化、规范化、标准化的管理体系，使之成为院系档案管理的一个系统。

其次，对集成材料的产生、收集、鉴定、整理、开发、利用、保管、销毁等整个生命周期的每个环节严格把关，根据教学文件运动过程中各种因素之间存在着特定的内在联系等特点,解决界面接口联接的障碍,使之畅通,环环相扣,确保教学档案管理的完整性。

第三,在实行全程管理中抓重点。教学档案在全部生命过程中先后表现出不同的作用和价值,使其整个生命周期可以区分为不同的运动阶段,即档案运动阶段性的特点决定教学档案管理的针对性。只有在把握全程管理的同时,突出重点,才能实现全方位、全范围和全阶段的集成化管理。

(三)组织集成路径畅通

组织是一个社会系统,是由多个部分(子系统)组成的有层次、有结构的一个社会系统。高校的院系就是构成高校组织的子系统,而院系本身作为相对独立的组织又包含多个更小的子系统。教学档案管理是组织与人脉复杂关系交叉的系统工程,往往一位档案员难以完成。因为教学档案的来源在于教与学产生的材料,它不同于其他档案,学科多,专业性强,涉及面广,档案材料产生按照教学档案分类体系达70多种,全部记载了教学每个环节,反映了教学管理的整个状况。鉴于教学档案的属性,应与教学管理直接挂钩,强化团队的力量,来实现教学档案集成管理的目标。

界面管理作为一种管理理念和管理方式,有着更高的战略视角和更系统的内涵。根据组织集成的包容性、复杂性和协同性特点,从提高教学质量的宏观视角出发,建立机构组织沟通界面和人脉组织沟通界面管理两条体系进行互动,把循环往复的教学过程中运作的问题进行有效地、有次序地系统控制。

例如:为完成院系档案建立的同一目标,从材料的产生、收集、整理等接口把握质量,教师和学生是材料产生的主体,他们是教与学的直接参与者。提高教学质量必须从材料产生的源头抓起,这需要教师之间的沟通互助,团队的配合才能实现界面效应。因此,为有效地排除复杂的档案界面障碍,应把握界面管理的团队性、共识性、开放性、约束性等原理,通过公关模式和组织沟通原则等集成途径,协调处理教学组织机构与教师学生之间的各种界面关系,确保教育事业成功,实现界面管理目标。

≫ 1. 公关模式

一是宣传性:主要是利用各种传播媒介,向档案公众进行宣传,提高档案公众的认识。例如:以"认真编写教案,提高教学质量"为主题的橱窗展览,为收集教案讲稿起到了很好的宣传。二是交际性:是以人际交换为主,通过机构与人脉两条线的接触,交换信息,交流感情创造了良好的相互信任的心理气氛。为教学档案的产生、收集、利用创造了良好的环境。三是服务性:主要体现在二级学院档案室为师生提供优质服务方面,一方面以实际行动来促进了教学水平的提高;另一方面,办学层次的提高,反过来也促进了管理。

2. 组织沟通模式

院系是教学的基层管理组织,是教学管理与教学实践之间的枢纽。许多问题并不适于集权决策,协商、协作在解决这类问题时更为有效。沟通与协商机制有两种途径:一种正式途径是制度化的信息沟通与协商机制,需要制度来保障实施,通过制度把众多组织的聚集与界面管理集成运行;另一种非正式途径是通过同级部门的负责人、工作人员之间、教师学生之间的私人的交流与协商,来达到工作目标。两种途径相结合,实现了控制、协作与沟通,形成了动态性创新界面,发挥了档案管理的整体优化功能。

3. 方法集成收效显著

以档案学原理为理论基础,以集成思想为指导,综合运用档案学、管理学、传播学、情报学、文学、美学、计算机网络等交叉学科的理论知识的创造性融合,集成各种方法、手段、工具等资源要素,建立制度、文献、网络"三维一体"的每项功能又具有独立的集成模式,使方法集成的界面管理优化。例如:从方法上研制了经济实用、易记易操作的3部曲10步法教学档案集成模式,把建立体系、编研文献、数字网络三部曲集成一体,按照10步法的步骤及每种方法的过程,实行界面管理。数字网络技术界面的集成,三种纸质编研模式的界面集成等,赋予教学档案内容与形式统一的文化品质,这种开放动态的集成模式,超越了高校教学档案管理现状,体现了教学档案为教学服务的使用价值。

综上所述,笔者认为教学档案集成管理模式在中国计量大学外国语学院的教学档案管理实践中行之有效,三项管理原则与四个管理集成融会贯通,交互渗透,形成一个系统规范环环相扣的界面链;体现了以教学档案促教学质量的团队功效及整体的有机结合;从而使以往无人问津的教学档案,通过集成管理成为师生共享的参考文献,达到界面交互,路径畅通的良好状态,最大限度地发挥了教学档案为教师能力的发展、为分院的教学科研、为院系领导全面了解教师以及提高教学管理水平的服务功能;促进了师生之间互相学习、积极进取的团队精神,加快了提高教学质量的步伐。

第三节　档案集成动态管理的组织传播特色及影响

一、高校基层图书档案管理的现状

院系资料室和档案室管理不同于校级层面的图书馆和档案馆管理,其最大区别在于学校的图书、档案管理,具有很强的综合性、专业性,有一套系统的管理方法、模式和稳定的专业队伍;院系的图书档案资料一般专业性较强,档案一般以教学中产生的、未经过整理的无档号文件资料为主体。这些档案保存期短,具有动态性和真实性的特征,也是监控管理教学质量的原始记录。然而院系图书档案往往由于无专职人员保管,又缺乏规范的管理模式,成堆的文献资料无人开发,查找利用非常不便。

随着我国高等教育迅速发展,二级管理的模式逐渐被强化,资料室和档案室的管理在以教学科研为核心的院系,也越来越凸显其重要性。鉴于系院人员紧缺,而图书档案这些教学资料对系院的教学科研、教师个人的发展至关重要,笔者认为构建图书档案一体化集成管理动态模式,有助于提升教学科研质量,促进个人与院系发展。中国计量大学外国语学院对此进行了一番改革尝试,全面建立起图书—档案管理体系,创设了制度、文献、网络"三位一体"的集成管理动态模式。

二、院系图书档案集成管理模式的框架实现

中国计量大学外国语学院以浙江省档案局和本校的两个课题研究为依托,开展了院系图书档案一体化集成管理模式的改革实践。

第一,创设院系资料室、档案室规范管理新制度。结合教学、科研、党团、行政、声像、仪器、实物以及教师个人业务资料等内容,作为院系档案管理的子体系,和资料室管理制度并驾齐驱,形成一整套系统的管理规范;并制订了教学档案管

理制度系列文件,达到层层完善、具体落实的管理目标。

第二,全面开发图书—档案的编研工作。将编研工作纳入管理之中,运用编纂学原理,以"双轨制"为原则,一方面探索了档案纸质、数字网络以及橱窗展板等载体的编研方法;同时,创建了实用性较强的教学档案纸质编研模式;另一方面,根据教师需求开辟了"学术信息服务窗",按学科研究方向编辑了《新书摘要》《外语教学新视野》《光盘磁带索引》《报刊检索目录》《学术交流汇编》等;同时,建立学科图书资料子体系模块,即:文学类、翻译类、语言与传播类、跨文化类、光盘类、教学类、综合类、外文资料类等,方便了教师的检索与利用。动态性的"学术信息服务窗"激活了资料室的传播功能,对教师的成长产生了积极的影响。

第三,实行数字化网络化管理,作为该院集成管理模式的重要一部分,创建了富有特色的外国语学院"资料—档案在线"网站。该网站:(1)根据图书—档案体系设计,将建立的电子图书档案库,按照资料室、档案室模块进行网页设计。(2)运用美学、传播学、多媒体、音乐、书法绘画、计算机网络等原理,集成了 Dream weaver 8 和 asp 的脚本语言,以及 Photoshop Cs3 和数据库 Access 等软件的有机结合,以体现功能全、画面美、能互动,查阅快捷,优雅实用的效果,达到视听与检索功能的完美统一。(3)与纸质图书、档案产生互动,利用者可根据网上检索的条目,直接来资料室档案室查阅。(4)编研网络化,将纸质编研成果通过网络传播。制作了动画档案室介绍,优秀多媒体课件编辑上传,同时与学校档案馆、图书馆、资料管理链接,真正实现信息互动。

三、院系图书档案动态管理与组织传播的分析

传播是组织形成和存在的重要因素,组织形成的过程就是传播的过程。组织传播具有协调内部关系,稳定组织成员,应对外部环境,以及维持组织生命等功能。组织传播力也被看成了一种生产力。资料室和档案室作为学院的一个部门,它的集成管理模式体现了现代高校院系资料档案管理的合理性,并迎合了其在组织传播中的积极功效与影响,使院系的传播模式更加多样化,功效性更强,影响力更大,成为学院长期发展的动力。

第一,资料室和档案室是在外国语学院该较大组织机构领导下的子系统中的小组织,有其自己的组织框架和传播特性。它作为院系组织中的一个特殊的子系统,以其特有形式在高校学科建设中起着不可忽视的作用,也是高校基层教学科

研建设的最基本保障。然而,长期以来,它的作用和地位似乎并没有得到真正的认识,似乎其作用可大可小,传播模式可多可少,影响范围可宽可窄,组织管理常处于被动状态。

新型的集成动态管理模式却将基层图书档案管理部门推到了高教改革舞台正中央,赋予其上传下达,左右联系,里外呼应等互动功能。它的传播触角更深更广地伸向院系的其他部门,将整个外国语学院更紧密地联系在一起。例如:创建的"学术信息服务窗",开辟了"新书推荐""期刊介绍""音像点击""名师讲座""学术论坛""学术交流""成果展览""读书会"等栏目,直接向师生传播,不仅营造了学院的学术氛围,为青年教师提供了交流学习的互动平台,而且使整个学院组织系统联系显得更为紧凑、高效;促进了教师的进步,学院的发展。

第二,图书档案集成动态管理在其传播过程中形成了严密而系统的传播网络格局和多样的传播方式,从而有效地保证了信息传播的组织性,形成了一个有效、和谐、多样而又顺畅的立体组织传播的网络体系。

信息组织传播的一个重要方面是组织内传播。组织内传播的过程也是组织维持其内部统一,实现整体协调和整体运作的过程。具体的组织内传播可分为下行传播,上行传播和水平传播。这些组织传播方式在外院的图书档案一体化集成管理动态模式中都得到了充分的体现,而且得到了合理有效的调配与应用。资料室成为分院各个系部、研究所发布信息的平台(下行),又与分院的管理行政机构之间形成了一个向上传递的桥梁作用(上行),同时,它与分院的其他各个研究所同时作为学院的平级部门,互相之间又有沟通协调(水平)。而资料档案部门的位置和功效也是在不断地变化着的,但它始终没有偏离自己的目标:即为院系的教学和科研提供更好的服务。

另外,此种新型的图书—档案集成管理模式还拥有丰富多样的组织传播方式。既借助语言符号又运用了非语言符号进行,既有纸质的,也有电子的。除了正式的传播方式,还有非正式的传播方式。"资料档案在线"的网络平台使传播的区域无限扩大。分门别类的图书—档案管理又使时间的扩展性无限大。几年前的学生论文信息也可以在瞬间查找出来。要学习优秀老师的教案也是立等可获。人与人,人与文本,人与网络之间的沟通联系丰富而立体。

四、院系图书档案动态管理模式对组织和个人的影响

组织传播学中将组织中个人参与、溶入和退出组织的持续行为和认知过程归

纳为同化。中国计量大学外国语学院资料室和档案室在改革实践中,集中体现了教师参与的同化意识。由于信息组织传播的顺畅、有效,整个外国语学院的发展理念也通过正式或非正式的社会化过程影响到了组织中的每一位个体。分院的教师经过原始文献资料的收集与提供活动,自觉认识到了高校基层档案资料的重要性,了解查阅图书档案资料的便捷程序。在这种同化过程中,不再是资料管理人员的任务,而是融入学院每位教师的亲身参与。同时档案资料室也尽可能地通过各种途径和手段为教师提供教学和科研的服务。这是一个认知的过程,开始也许有一些不认可或者是抵触,但在发展的过程中,大家看到了它的可取性,也开始加速适应这种变化。在这种影响下,组织成员开始主动、积极地去适应组织某些方面的变革,使自己的需要和愿望与组织的发展形成一体。因此,这个同化的过程不是平面的,而是螺旋式上升的一个过程,是整体与个体都得到全面发展和提升的一个过程。

卡尔·威克认为,在组织的运用过程模式中,互动是组织的核心现象,它是组织得以存在的基础之一。外国语学院的图书档案集成管理模式正是利用了组织传播的多种方式,灵活交叉,从而形成并强化了组织内部各子系统之间的良性互动及关联,使其组织传播具有了活力。例如:为完成院系档案建立的同一目标,从材料的产生、收集、整理等接口把握质量,这些都需要教师的参与,是相互联系的衔接关系。其组织的集成有各部门相互间的关系,办公室与各系部、研究所之间的关系,领导与教师的关系,教师与学生的关系,档案员与师生的关系等,互相之间形成了一个动态的互相影响,教师之间也通过主动地互相学习交流取长补短,形成了一种和谐的学院氛围。传播的手段也会决定组织的变化。正是由于多样丰富的组织传播模式使得集成图书—档案一体化集成管理模式在潜移默化中更快地促进了组织本身的变化或变革。组织的个体也能够更快地适应各种教学和科研上的新要求。从而使教师之间在潜移默化中互相影响,促进了院系层面的教学改革和科研发展。

综上所述,组织的形成和存在是因为明确的目标。没有目标就仅是一个人群而非组织。目标是组织的愿望和外部环境结合的产物,组织的目的性是受环境影响和制约的。如何使组织内的个个子系统能够共同行动起来,为达成组织的共同目标而努力,这是组织传播的任务之一。新型的图书—档案资料集成化管理模式不仅为高校院系和教师个人的发展提供了更优的信息传播环境,使组织目标的形成更快,而且有助于院系组织为新的目标的建立和实现创造了条件。正是因为这种全新的、完善的、科学的档案资料管理体系,学院在学科建设的硬件和软件方面的条件都更趋完美,最终在学科建设方面的能动性和有效性,实现了为提高教学质量和科研工作双服务优服务的目标。

第四节　高校教学评估与院系教学档案管理

一、高校二级学院教学档案管理现状与问题

中国高校二级学院的教学档案管理一直滞后于高等教育的发展规模,缺乏宏观指导和微观管理机制。虽然通过近几年的教育部教学评估,在某种程度上促使高校在基层院系教学档案建设方面有所关注,但仍存在下列问题。

(一)概念模糊,重视不够

高校档案管理部门普遍对院系教学档案管理的意义理解不深,存在重管理、轻档案的思想。由于长期以来院系教学档案管理工作未引起足够重视,对教师的工作职责不明确,大多教师也处于被动应付的局面。其次,对教学评估指标和教学档案的概念模糊,未认清两者存在"纲"和"目"的双向互动关系,有些院系在迎评期间未理解教学评估指标体系,出现了与学校层面一样建立的教学评估材料,却没有领会基层教学档案材料的重要性,致使许多院系未能收集完整的教学档案,建立的教学评估材料空盒很多,起不到很好的评价效果。殊不知教学评估专家除了查看学校层面的教学评估材料以外,主要是了解、检查基层教学单位的教学规范情况,教学档案资料无疑是最佳的佐证。

(二)缺乏标准化的管理体系

由于长期以来国内大部分高校未把系所每年产生的教学文件资料归档,纳入教学管理目标之中。致使我国高校二级学院的教学档案管理缺乏制度保障和标准化的体系。教学资料归档没有严格规范的统一标准和程序,随意性较大。即使有些单位为教学评估的需要做了些临时性规定,因无切实可行、能够借鉴的教学

档案管理模式,所以我国目前的高校院系教学档案缺乏连续性管理的长效机制。

(三)收集困难,材料不齐全

由于未形成二级学院教学档案的管理体系,相当一部分宝贵的原始教学档案材料散存于个人手中;有些教学成果未保存原始记录,有的即使有记录但材料没有归档;还存在一些文字材料记载相互矛盾等现象。珍贵的教学资料未能保存下来,而留下来的许多资料又不具备资质查考价值。有些教学档案记录"有头无尾,有始无终";另一些材料则有结果无过程,真实性令人质疑。归档的材料也只局限于教学日历、试卷、毕业论文等。教学档案材料不齐全、不完整,使教学评价工作大打折扣。

(四)管理手段落后

目前多数高校没有把二级学院教学档案管理,视为实质性的硬性管理目标。二级学院的教学档案仅停留在被动服务的状态,往往是成堆的纸质材料束之高阁无人问津,很少有人对此系统地进行开发。信息化管理手段明显滞后,难以建立起完善的教学档案库。

(五)无明确的责任主体

高校二级院系很少配备专职档案员,甚至兼职资料管理员的职责也不明确。因未受过专业知识培训,实际形成的教学档案往往由教学秘书代管;既然是代管性质,那就管多少算多少。即使有责任感的教学秘书,往往也只从方便自己工作的角度对相关资料进行必要的保管而已。

鉴于上述的教学档案管理现状与问题,客观上就导致了教学过程的材料流失,难以全面地反映教学发展的过程,直接影响了教学管理水平的提升,难免为后人查阅、借鉴历史档案资料,也对教学评估工作增加了困难,给教学和管理工作造成了不应有的损失。

二、院系教学档案集成管理模式的创新与实践

随着高等教育的迅速发展,办学模式的扩大,高校二级管理机制和范围都发

生了根本性的变化,文件资料的产生每日激增,而这些大量产生的材料归属二级学院管理,对学院和教师的发展都很重要。综合运用档案学、管理学、文学、美学、传播学、计算机网络等交叉学科理论知识的创造性融合,变被动管理为主动管理,以体现教学档案的使用价值,力求达到档案内容和形式的完美统一。集成管理模式能最大限度地发挥其对教学科研的服务功能,最终促进整个教学活动的效率提高。

(一)建立系统化、规范化、标准化的制度和体系构架

院系档案管理应在狠抓教学质量的同时,也把教学档案管理制度作为教学管理宏观建设的长久之计。系统化、规范化、标准化的制度成为院系教学档案管理走出杂乱无序,进入新型现代化管理的基础。

1. 全面规范院系文件档案资料管理的制度

院系教学档案如何管理,我国目前尚无系统规范管理的前车之鉴。根据教学评估指标体系和高校教学资料分级管理办法,首先应出台《文件资料管理制度汇编》,涵盖了教学、科研、党务行政、学生工作等各方面所产生的材料(包含了教学评估所需要的材料);然后编辑《外国语学院教学管理文件汇编》,其中试卷规范管理、试卷归档质量检查、教案讲稿的编写及管理等文件作为教学档案管理制度文件的补充,形成层层落实的档案目标管理系统。

2. 搭建教学档案管理体系构架

制度规范化为教学管理提供了有力的保障,体系构架为后续的收集、归类等工作起了十分重要的引导作用。根据院系的实际情况建立各大类体系下设子体系的较为科学的网络管理系统。例如:教学档案体系主要由综合管理、学科专业实验室、教学与实践、教材、学籍管理、毕业生工作等 6 大板块构成,下设数十个材料项目金字塔式的结构体例。然后运用档案学原理,创造性地研制独特的档案盒编号。

3. 动员全院教职工参与收集教学资料

收集教学资料是教学工作结束后的一项重要归档程序,也是教学档案管理的

核心。领导重视,教师配合,专人负责是做好教学资料归档的。首先,分院领导通过动员和宣传工作,增强人人重视教学档案的意识,并给予必要的财力、物力、人力的投入。其次,档案管理人员应关注每个教学环节所产生的材料,全面了解、研究分院教学管理的内容。坚持"三纳入""四同步"的归档原则,以确保教学档案的质量。第三,鼓励教师积极参与教学档案建设。分院教师积极参与了教案讲稿、试卷的整理工作,建起了"教师个人业务档案"。由于广大教职工积极参与档案建设,才使得外国语学院的教学资料越来越充足。

档案的价值在于利用。在拥有大量教学档案之后,还应考虑教学档案的开发与利用,譬如通过编纂、数字化网络化等多种渠道实现多元化的集成管理,形成动态开放的服务模式。

(二)提炼教学内涵,编研教学成果

过去对教学文件资料,习惯无序地塞进档案盒,给师生查阅使用带来不便,有价值的教学档案材料容易丢失。笔者认为在教学中产生的纸质或电子材料,经过系统开发整理、分类、提炼,编辑系列汇编为教学科研服务,在循环往复的教学中不断编辑利用,从而达到教学质量的提高,使档案的利用价值通过编研得以实现。因此,以"规范、整洁、美观、方便"为原则,系统开发编研教学档案,是高校院系教学档案管理的推陈出新。

》》1.系统编研、全方位开发教学档案信息资源

根据教学档案6个体系材料项目,将数万多份教学资料归类分项目,每个项目的材料整理分篇目,编辑目录,并统计该项目的数据,撰写概况、概述、综述,编成汇编200多册,试卷500多册,论文400多册,装盒800多盒。既有专题性汇编单行本,又有综合性汇编合订本,形成了具有特色的教学档案系列汇编。这些汇编为青年教师提高备课质量提供了极佳的参考资料。

》》2.编研教学管理文献精品

在多次文献的编撰中研究教学管理的内涵,凝练出具有指导意义的院系教学档案精品。根据院系教学管理需求,确定主题,提炼内涵,编撰富有特色的专题文献。例如:外语教学动态、精品课程专辑、优秀毕业论文集锦等。还可以在教学档

案系列汇编的基础上,多角度全方位地编辑《XXX学院近三年教学档案纵览》手册,有效地提高了服务质量和管理水平。通过全方位和整体性地开发编研,教师利用档案的积极性大大增强,利用率出现根本性的突破。同时也为教学评估的材料支撑提供了现成的具体翔实的材料。

▶▶▶ 3.搭建数字化网络化管理平台,提高教学档案信息互动的利用价值

数字网络建设是高校教学管理进入现代化管理的主要途径,为提高教学管理工作的效率和信息打开了方便之门。因此,教学档案管理也应与学校的教学管理同步,形成学校整个教学管理的网络体系。我们借用数字网络化对教学档案进行系统地管理,使之产生"信息互动"。

建立富有特色的教学档案电子群库。在教学档案体系的构架下,建立教学档案电子群库,由众多数据库汇聚成一体,以提高教学档案管理的完整性和规范性。30多个数据库,分类明晰,涵盖面广,方便了教师利用。

运用学校文件资料管理系统软件注入条目,建立分院"资料－档案在线"网页。通过学校OA网站对所有档案的条目进行数字化管理,同时建立分院"资料－档案在线"网页。这是根据不同的利用需求建立的一整套科档案检索体系,从不同角度揭示馆藏信息资源,查阅便捷,提高了访问率,达到资源共享的服务。

中国计量大学外国语学院档案室通过集成管理模式的创新与实践,探索了一条完善教学档案管理的新路子,为提高教学质量起了积极的作用。

三、以科学发展观实现教学档案管理与时俱进

教学档案管理并非一成不变的,它必然会随着我国高等院校教学评估指标的调整以及各项教学改革的发展而发生内涵变化。例如,根据教学计划、课程设置、学科定位等改变,以科学发展观来引导高校教学档案管理水平与时俱进。

(一)以教育部"质量工程"建设为抓手,建立教学档案重点项目材料

提高教学质量是高等学校永恒的主题。建立教学档案重点材料项目不仅为了教学档案更全面,而且更重要的是为了提升学校的办学层次,提高社会的知名度,推动高等教育的发展。根据"质量工程"的建设内容"专业结构调整与专业认

证""课程、教材建设与资源共享""实践教学与人才培养模式改革创新""教学团队与高水平教师队伍建设""教学评估与教学状态基本数据公布""对口支援西部地区高等学校"六个方面建立教学档案重点项目材料。

（二）以学科建设为龙头，拓展教学档案的管理领域

高校随着教学管理体制的改革逐步走向多元化，大众化教育背景下单一的教学型大学已不能满足复合型人才的培养，逐渐转向教学研究型大学的定位越来越多，学校内部教学管理体制发生了渐变，院系淡化教学行政单元组织，强化了以学科建设为龙头的研究所，学科介于教学与科研之间，为提高教学质量起了很大的作用。紧密贴近学科，建设学科教学档案。可以按照 4 个学科的需求建立图书资料、教师个人业务档案的专柜。并将学科发展、研究的成果收集编辑归入教学档案。

（三）以教学评估指标体系为纲，进一步提高教学档案管理水平

本科教学评估是教育部对高校教学工作的一次大检阅，是学校教学工作的重中之重。学校教务处为巩固教学评估成果，建立了每年学校评估的长效机制，制订了二级院系教学评估指标体系。为更好地保存教学评估材料又能节约空间，避免材料重复的浪费现象，可在目录上下功夫，凡评估档案涉及的教学档案，注明出处。同时将已评估过的每学年的教学评估材料编辑汇编归档，既节约了空间又便于查阅。

总之，院系教学档案管理是高校教学管理的重要组成部分。中国计量学院外国语学院为凝练教学管理内涵而研究的教学档案集成管理创新模式，探索了如何顺应高校发展，适用于教学的档案利用方式，以满足教师对利用需求的最大化上做了有益的尝试，并取得了一定的成果。在高校院系教学档案管理经验匮乏情景下，以全新视野研究了将多种管理方法交织一体，创造性地编研了高质量的院系教学档案精品，系统开发的教学档案达到了内容与载体的完美统一，赋予以往无人问津的院系教学档案以鲜活的生命力。具有特色的院系教学档案集成管理创新模式，不仅发挥了其为教学工作的服务功能，而且填补了高校教学管理领域研究的一项空白。

第七章　高校院系档案管理引入美学美育之创新

第一节　高校院系档案中文化、道德及美学现象

伴随着人类社会的不断发展与进步,文化越来越成为民族凝聚力和创造力的重要源泉,越来越成为综合国力竞争的重要因素。特别是在经济一体化的历史潮流面前,文化的作用表现得越来越重要,越来越明显。文化建设的战略地位在当代中国得到前所未有的提升。高校作为培养人才的摇篮和进步文化的发源地,兼有引领社会文明的先导作用;有人把浓缩校史的档案比喻为"文化之母",这说明档案不仅是师生获取知识的重要途径,更显示了其文化内涵。高校院系档案文化建设中蕴涵的美育价值,涉及高校美育教学教育内容,其外延容量无限广阔。

一、高校档案文化建设中的美学教育

文化是国家综合实力的新体现,所谓文化软实力,主要是指国家的吸引力、凝聚力、意志力、控制力、影响力、号召力、创造力,以及威信、荣誉、智慧、文化资本等。文化也成为人的全面发展的新要求,人的全面发展是包括精神内容在内的全面发展,培养人的精神需求,推动人的物质需求和健康的文化需求同步发展。高校档案文化是民族文化的重要组成部分,应在建设文化大省发挥重要作用。其四大拓展功能为:一是贮存加工历史文化的功能,二是传承优秀文化的功能,三是创造先进文化的功能,四是宣传教育的功能。在这四大功能中都有美育的成分可以挖掘。由于档案文化的基本特征是原始性、客观性和真实性,延伸而来的就具有公正性和权威性。因此,高校档案文化建设就要围绕这些基本的功能、特征做文章,从中提升美育价值。给人感觉是真实的、权威的、可信的、有分量的。例如:从高校发展的历史沿革、名人文库、发明创造、科学家、教育家等档案文化中提炼出崇高美、智慧美、陶冶美、环境美四大美育价值。

二、高校档案文化蕴含厚重的历史记忆

高校档案是伴随着学校建立而产生的,随着学校发展而日趋丰富饱满。作为

传承科学知识文化的载体,教学档案文献凝聚了广大师生员工的智慧结晶。这些具有文化价值的记录犹如知识丰收的果实,散发出高校历史文化的"泥土芳香"。我国许多高校的发展历程似乎都是浓缩的中国近、现代史,记载着每所学校从创建伊始迄今蓬勃发展的每一个脚印。不少校史就蕴涵着丰富的爱国主义素材,是崇高的德育美教育范本。

譬如,翻开校史档案,可以清楚地看到母校崇高而又光荣的革命历史,一代又一代的教育家为了振兴中华而赴汤蹈火、坚强不屈的英勇壮举;许许多多爱国知识分子为了救国而毅然放弃国外优厚的待遇,历经艰难回到祖国的怀抱,把自己的一生献给了祖国建设的事迹。在改革开放的年代,通过长期办学实践所形成的带有自身特色的学风校风,产生的一批又一批名师,更是一种群体团队风华正茂的体现,他们为国家的经济与教育发展做出了积极的贡献,培养了一大批创新人才,成为国家的栋梁,谱写了辉煌的人生。它给广大师生以鼓舞振奋的力量,激励后人的崇敬精神。

诚然,高校档案的原生性、直观性所表现出的崇高美,对学生的教育具有很强的说服力和感染力,使他们接受潜移默化的爱国主义理念洗礼。因此,高校档案文化建设层次更高,应跳出传统对档案文化建设内涵的理解,通过运用"记忆"这一核心理念、核心元素和灵魂,拓展高校档案文化的内涵。全面的、系统的、广泛的建设高校档案文化。所谓高校记忆文化,是反映我国高等教育发展中具有保存价值的历史记录,是人们对这些历史记录以信息的方式加以编码、存储和提取过程的总称。可见,记忆文化可以开发挖掘学校档案文化中的美育价值,有利于对学生思想品德的教育,达到教化育人,引导人们行为的目标,从而发挥宣传教育的功能。

例如,通过建立校史馆或在各院系的档案资料室布置具有学校历史的照片、图画和实物来弘扬母校的崇高美,往往能起到激励广大师生更加昂扬向上,努力工作,奋发学习的作用。还可以与地方政府合作,汇聚当地高校档案文化蕴含的历史,加以深度挖掘加工,成为这座城市的主流文化之一,扩展传播崇高美的精神,激发全民族文化创造活力,提高国家文化软实力。

三、高校档案文化彰显人类的科技智慧

社会文明的进步离不开文化,高校档案具有创造先进文化的功能,与先进文

化有着密切的关系已成为必然。高校的教学质量、办学规模、学科层次、学术水平都在不断提高,由此产生的高校档案不仅系统地构建了高校教学活动的体系和科研成果,而且数量大、内容丰富;载体形式多样、文化特性强、科技含量高,具有较高的文化知识价值。这些素材往往闪烁着先人科学思想的火花和智慧,给后人以启迪借鉴。

高校档案作为人类知识的结晶和人类认识世界、改造世界的经验积淀,它不仅记载了静态的科技成果,而且还显示了动态的科学实践过程。高校既是教学中心又是科研中心,集中了大量多学科的高级人才,在长期教学科研实践中不断产生着新的科研成果、学术论文,阐述深奥的哲理、进步的思想、正确的世界观,总结人们在各种实践活动中的经验,不断地探究隐伏在社会和自然领域深层的种种奥秘。如清华、北大等高校研究出的高科技产品,可使物质生产劳动如虎添翼,为社会主义经济市场的繁荣奠基。

高校科技成果衍生出的智慧美,是人类探索、发现自然和人文科学规律过程中所创造的知识财富;它们不仅在于发现并揭示出科学真理方面,而且表现在科学或规律本身的内部结构,是一种符合美的规律的严密体系。科学创造活动的本质在于力图用一个凝练、简洁的公式或定律去概括描述最大量、最丰富的自然现象。这种按照标准化、规范化、简洁化的要求进行逻辑表述的本身就是一种文化美。那些具有严密优美的体系、正确清晰的思路、完整的内部结构、漂亮的文字表述的学术著作和科技成果,不仅能使读者获得知识和智慧,也使他们受到科学美的熏陶,具有深刻的美学教育意义。

科学技术是第一生产力,科学文化教育事业的发展,标志着人类文明程度。它不仅开拓人们的视野,启迪人们的思想,而且充分展示了人类的聪明才智。因此,高校档案中的科研文化结晶均属于智慧美的具体体现。提炼科技成果,促进自主创新,丰富档案文化,还可以强化师生的审美观念,从而创造高校档案文化新价值。

四、高校档案文化具有情操的心灵净化

陶冶美是高校档案美育功能的体现。美育即依托感情打开审美者的心灵大门,在美的熏陶中陶冶性情,提升其审美素质。从精神层面上来讲,高校丰富的馆藏资料,还存在着至高无上的道德美。师生可从校友及老一辈教育家的高尚品德、远大理想、坚定信念中受到感染,激发他们的荣誉感和使命感,从而使其理想

情操、道德情操得以升华。这种道德美，如同清泉洗涤人的灵魂，净化人的思想，陶冶人的情操，无声地给师生以美的熏陶。

着眼载体，一些反映学校教育事业逐步发展的典籍和史料，名人手稿、照片、书法手迹、上级领导来校视察的录像、照片、题词，外国友人赠送的礼品等珍贵的实物资料，也能起到净化人的心灵，熏陶和美化人们的精神世界，培养师生高尚情操的作用。

显然，一方面通过收集整合有关档案材料，以各种载体编研，提升人们的情操。例如：将名师文库加以编研，以信息化数字化的网站形式，图文并茂地展示；另一方面捕捉教学中的动态美育，如课堂教学中的教师仪表、讲课风格、流畅的板书、精美的多媒体课件以及课堂师生交流与互动等都需要精心设计，在动态教学中产生美育，不仅具有视觉冲击力，而且从内涵上潜移默化地让学生接受美育，激发学习兴趣，提高学习效率。这种在教学中产生的美育档案又可以反过来为教学服务。

再者还可以有计划有目的地根据美育的需求，与校团委、学生处、人事处、工会等部门联盟建设高校档案文化的产生，如举办名师成长道路的档案文化讲座；举办高雅艺术进入校园活动，让音乐和舞蹈等艺术净化心灵，提高艺术涵养。以及组织学生、青年教师参观校史馆等进行爱校爱岗教育等都可以打开陶冶情操的心扉。从而让师生在这种和谐的氛围中为学校的发展更加努力去创新。

五、高校档案文化建设应重视优雅的绿色环境

创造学校图书资料室的环境美，必须以人为本，把营造整体空间的审美心理为最终目的；即用美学的理念来精心设计。笔者认为首先应改变人们对档案室阴沉、肃穆的传统观念，确立高校档案文化建设的新形象。将图书档案场所视为学校档案文化建设资源的一部分，其外观装饰和周围环境设计要体现档案文化的建筑美，使其具有时代感和亲近感；力求显示高校档案馆的文化特色，并将其作为学校的文化标志之一。

其次，对档案文献场所的内部装饰要求美观合理。譬如，在大厅里应有校训之类的标志性文化载体；过道空间可安放有名人名言等图片或雕塑。在大面积楼道的墙体设计沿壁悬挂的中国档案文化壁挂，这样既营造了环境美，又能起到引

导空间的作用,从而表现档案文化的思想内涵。图书档案阅览厅空间要足够大、空气流通、环境清新幽雅。设计可以相应的文化内容为背景,室内布置色彩调和、淡雅、朴素大方为原则,适当选择带有平和、宁静的冷色系列基调为宜。

阅览室中除了档案资料外,应配置有关档案的专业书籍和杂志,方便读者查阅。同时配备电脑网络等现代化档案检索工具,让师生体验环境美的文化氛围。若配有低分贝的古典乐曲作为背景音乐陪衬,相信会有越来越多的师生将倾心于查阅档案的学习之中,同时接受新人文景观美的熏陶,使其流连忘返。这样,环境美育的功能才能奏效。

最后,档案馆要有丰富而有特色的馆藏文献,并辅之以现代化手段加以研究开发,使高校浓郁的文化气息在这里得以汇聚,让师生员工和社会各界对此享受美的吸引力,产生一种高品位的文化效应。档案艺术与环境空间美的构造,是为档案的开发利用者提供舒适环境,让档案部门能更贴近师生,更好地塑造高校档案的文化形象。

在这种优美的环境下建设高校档案文化这座"高楼大厦",或在高校本系统举办各高校的特色文化集成制作大型展览巡回演绎;或联合政府、企业举行为社会服务的大型科研成果展览活动,中间穿插高校艺术文化的节目演出,扩大社会影响,产生档案文化的美育效应。

高校档案文化建设中的美育功能,足已证明其传播知识和信息、开展美学教育等多种价值。只有通过档案管理工作的改革,才能挖掘高校档案文化中蕴藏的美育价值,才能充分体现档案的信息传播功能。这种高层次的开发利用,对提高档案部门的地位、实现档案文化信息的共享产生积极影响。由此可见,研究并利用高校档案文化建设中的应用美学,对培养德、智、体、美全面发展的人才,全面提高师生的素质亦具有不容低估的作用。

高校档案管理中要注重发现本校的历史照片、文献、科研成果等校史原始资料并加以收集整合,注重图书馆、档案资料室的环境美化,注重馆藏文献档案的外观包装及现代化的索引编制,才能让广大师生在查阅高校档案资料过程接受并享受美育。同时,要重视教学科研中产生的美育,把高校院系档案文化建设列入校园文化建设之中,融入社会的大文化,为国家出力,让和谐美育绽放出绚丽的花朵。

第二节 高校院系档案管理中美学理论应用

一、高校院系档案资料——美育的源泉

高校院系档案的不同载体记录了教学、科研、发展的历史足迹。这些具有文化价值和审美价值的记录就像一股股泉水流入大海,汇成知识的海洋.散发出高校文化的"泥土芳香",原汁原味地渗透着清泉的甜美,使美育焕发出生命的光彩。

档案资料是高等学校历史发展的结晶,丰富的档案资源为美育拓展了思路,提供了丰满的史实。其深厚的文化底蕴具有丰厚的内涵美,具体主要表现为:材料美、崇高美、陶冶美、社会美、语言美。

(一)材料美

收集材料是档案工作的起点,否则,档案的鉴定、整理、编目、保管、统计和开发利用等各环节工作就会成为无源之水、无本之木。获取丰富而有价值的材料是存储档案信息资源、表现内涵美的源泉。

其实,收集材料本身也就是美的产生过程。档案员以自己的美学观点来收集、鉴定、筛选有关素材;然后把有价值的材料分门别类,才能形成门类齐全、结构合理、精炼完整的馆藏档案信息网络,使丰富的原始材料蕴涵着美的因素。档案的内在美表现在:(1)高校职能活动决定了形成材料美的多样性。(2)高校科技相对集中决定了材料美的载体性。因为这些档案材料,往往凝聚了广大师生员工劳动的智慧和经验,记录了学校发展的历程,表现了人们在各项活动中的思想发展、经验教训、创造性成果。这些原始而又真实的历史记载,对后人熟悉校史、制定计划、进行决策、研究问题、开拓创新等工作都能起到美好的借鉴作用。而档案的生命力也就在于它内在的原始性、真实性、历史性、联系性,以此来对师生进行美学教育,其功能是其他资料难以替代的。

只有科学性的档案才是美的。高校的教学质量、办学规模、学科层次、学术水平都在不断提高,由此而产生的高校档案不仅数量大、内容丰富,而且载体形式多样、文化特性强、科技含量高,具有较高的知识价值和美育功能。这些材料当中闪

烁着思想的火花和智慧的亮点,给后人以启迪鼓舞,美的因素无处不在闪光。正因为高校档案形式多样,富有活力,才使得高校档案具有材料美的属性。

(二)崇高美

"崇高,其实是美的一种表现形态,因此应该从美的本质来阐释崇高的内在含义。美是在人类改造客观世界的实践活动中产生的,是人的本质力量的感性显现。其内容是人的真善统一的实践,其形式是对这种实践活动的感情肯定"。许多高校的发展历程几乎都是浓缩了的中国近、现代史;它记载了学校从创建伊始到现在蓬勃发展的每一个脚印。不少校史就蕴涵着丰富的爱国主义素材,更是崇高的德育美教育范本。无论是崇高革命历史的记录,还是改革开放的年代,通过长期办学实践所形成的带有自身特色的学风校风,更是一种群体气质、团队作风的体现,它给师生以鼓舞振奋的力量,激励人的崇高精神。崇高美反映在那些可歌可泣的校史之中,体现在爱国、爱校的奋斗当中;这种情感可以通过文字、图片来感染欣赏者,让后人对爱国、爱校的前辈们崇敬仰慕,为之激动不已。

美是一种特殊的社会价值。那些体现着推动历史前进的斗争要求的进步力量及其代表人物,正是社会崇高的本原。在高校的档案中"却足以展现出实践主体的现实的或潜在的威力和终将胜利的必然性,先进力量的崇高精神会在反动势力的压抑下倍放光华"。档案的原生性、直观性所表现出的崇高美都能引起观赏者理智与感情的积极探索,从而深刻地感受到人类实践主体战胜客体的严重,艰苦的斗争印痕,这种崇高美对学生的教育更具说服力和感染力,使人的灵魂受到震撼,影响人的一生。可见崇高美是档案美的灵魂。

高校档案馆应以爱国主义教育为出发点,以现代电脑处理技术为依托,结合部分有典型意义的实物档案,建立校史馆或校史陈列室,并作为爱国主义教育基地对外开放,借助档案把历史引入现实,生动直观地再现学校悠久的办学历史、艰苦创业精神、坎坷的发展历程以及不同时代背景下名师学者的学术思想、育人风范和卓著成果,使大家在现实中品位历史,从而受到潜移默化的教育,激发师生建校爱校的热情。

(三)陶冶美

高校档案的美育功能还体现在陶冶美上,"这是由美的事物本身所具有的形象性和感染性的特点所决定。美本身存在于形象之中,各种美的东西都是与具体的可直接感知的形象表现出。而当美的感性形象作用于人的感官的时候,必然会受到情绪感染,产生情感上的冲动,因而能'沁人肺腑''扣人心弦',引起共鸣"。一些反映学校教育事业逐步发展的典籍和史料,以及名人的手稿、照片、书法手迹、上级领导来校视察的录像、照片、题词,外国友人赠送的礼品等,这些珍贵的档案资料不仅能净化人的心灵,而且也能熏陶和美化人的精神世界,培养师生的高尚情操。

美育就是依托感情打开审美者的心灵大门,在美的熏陶中陶冶性情,提升审美素质。高校档案馆的丰富馆藏包含着至高无上的道德美;这种道德美,就像沐浴在清泉之中,洗涤人的灵魂,净化人的思想,陶冶人的情操,无声地给人以美的熏陶。师生从老一辈教育家的高尚品德、远大理想、坚定信念中受到感染,激发了他们的荣誉感和使命感,从而使理想情操、道德情操得以升华。由于种种美的事物都是以其感性形态显现出人的积极向上的本质力量,于是这些事物就能够向具备审美能力的人们放射出富有感染力的光辉,成为种种客观存在的美。

(四)科学美

马克思指出:"社会生活在本质上是实践的"。人是生活中的主人,人的社会实践活动是构成整个社会生活的核心。显然,高校档案内容所记载的教学实践和科研成果等,系统地构建了高校教学活动的体系,显示了人的智慧和力量。这种创造性的劳动是"按照美的规律来建造"的活动,是显示人的本质力量的活动,因而档案中记录的教学过程、教学条件及教学科研所创造的"产品"都充满了美,从而反映出科学美的本质。

那么科学美的最大特点即与社会实践的直接联系。高校档案作为人类知识的结晶和人类认识世界、改造世界的知识积淀,它不仅显示了静态的实践成果,而且还显示了动态的实践过程。高校既是教学中心又是科研中心,集中了大量多学科的高级人才,在长期教学科研实践中不断产生着新的科研成果、学术论文,来阐述深奥的哲理、进步的思想、正确的世界观,总结人们在各种实践活动中的经验,不断探究隐伏在社会和自然领域深层的种种奥秘。如清华、北大等高校研究出的高科技产品,使物质生产劳动如虎添翼,为社会主义经济市场的繁荣奠基。

高校科技成果衍生出的科学美,是人类探索、发现自然和人文科学规律过程中所创造的知识财富；它们不仅在于发现并揭示出科学真理方面，而且表现在科学或规律本身的内部结构，是一种符合美的规律的严密体系。科学创造活动的本质在于力图用一个凝练、简洁的公式或定律去概括描述最大量、最丰富的自然现象。这种按照标准化、规范化、简洁化的要求进行逻辑表述的本身就是一种美。那些具有严密优美的体系、正确清晰的思路、完整的内部结构、漂亮的文字表述的学术著作和科技成果，不仅能使读者获得知识和智慧，也使他们受到科学美的熏陶，具有深刻的审美意义。

科学技术是第一生产力，科学文化教育事业的发展，标志着人类文明程度，它不仅开拓人们的视野，启迪人们的思想，而且人们的聪明才智也能从中得到最为充分的显现。因此，高校档案中所表现的教学实践活动的美，教学科研成果的美，教学实践主体的美，均属于丰富多彩科学美的具体体现。

（五）语言美

语言是人类所特有的社会交际工具。它既和人的感觉、知觉相联系，又和人的理解力和情绪相结合。马克思主义认为："语言是思想的直接现实。"影响高校档案往往通过丰富多彩的语言来直接、真实地表述学校所经历的事情。

首先，它们不同于文学作品经文学家提炼加工，熔铸成富有形象性和表现力的文学语言；但其文体品种繁多，言词精炼准确、鲜明生动；形象间接性、含蓄蕴藉性则是高校档案语言的特点之一。高校档案既有严谨规范的行文，又有周密科学的计划；既有系统性和创建性的教学，又有探索性和实践性的教案；既有客观性和研究性的学术，又有洋洋洒洒的优秀毕业论文；既有时代性和幽默性的多媒体课件，又有知识性和趣味性的校园文化；这些都是通过各种语言形式来体现档案的内涵美。

其次，科学性、客观性、平易性、创造性是高校档案语言美的第二特点。正确地反映客观事物，揭示事物的规律，是系统的、完整的、一贯的、经过实践检验的，而不是零碎的、片面的、前后矛盾的、主观臆造的。创造性是科学研究的生命，在创新思维上提出新思想、新理论，往往需要准确语言的表达。档案语言的独创性有其自身的美感。当师生沉浸在档案文献的字里行间时，就会被那真实的记录所吸引，被流畅的语言美所感染，从中领略到一所高校的历史面貌和艰辛历程，从中汲取知识。

二、高校档案资料的形态——美育的力量

美应当是内容和形式的统一。西方哲学和美学大师黑格尔深刻地论述了内容与形式的辩证关系:"内容非他,即形式转化为内容;形式非他,即内容转化为形式。""美的内容是通过具体的感性形式表现出来的,离开了具体的形式,美的内容也就失去了从感情上打动人、感染人的力量,因此美的感染性既来自通过感性形式显示出来的人的本质力量,又来自显示了人的本质力量的具体的感性形式"。完整准确的档案内容,也必须通过鉴定、整理、编目等形式来体现档案的思想内容;如果说档案内涵美是美育的源泉,那么它的形式美则为美育增添了无穷的力量。

所谓形式美是指人类符号实践的特殊形态,它是从具体美的形式中抽象出来的。自然物质因素是形式美存在的体现,也是形式美被主体感知的基础。高校档案,应当体现出整体美、严谨美、色彩美、空间美以及和谐美。

(一)整体美与严谨美

在外观上,整体美在材料形成档案的过程中是十分重要的。特别是卷内和卷外的设计上要规范统一,首先卷内的档案内容要接近,档案中的信息经过利用者的分析、加工和组合,重新构成了信息单元,这种知识再生过程是整体美的升华。其次卷内应附"卷内备考表""卷内目录"等相关要件,次序按内容的主次排列,以达到完整性和规范性。再次卷外的封面设计要简洁明了,特别是"案卷题名"可以用古诗的形式,也可以是词组的形式,根据内容而定,要有文学色彩。整体美还体现在档案制作的每个环节上,严格依照一环套一环的规范严谨程序,来展示了档案管理的连续性和完整性,从而给人整体的美感。同时在制作过程中,档案员也沉浸在美育之中又不断地产生灵感,主动去创造美的档案;这份美感带给教师、学生,同样会产生美的效应,对他们的工作、学习产生美学指导意义。

就形式而言,档案卷盒排列与档号的编制要规范合理,注重严谨美。在案卷脊背上标明、美化,求新求活化标题,可用冷色硬纸或塑料做卷皮封面,按照内容卷盒排列上架;同时档案柜上应按时间或内容注明标号,展示同类档案的整体美和严谨美。

高校院系档案的整体美与严谨美,不仅有利于充分发挥档案的艺术表现力,而且有利于保持档案的真实可靠性,从而塑造了高校档案的文化形象。

(二)色彩美与空间美

环境美与色彩美是相辅相成的。档案柜是空间的实体,犹如交响乐中的钢琴,色彩好比首席小提琴,其他点缀如同众多的管弦乐器。如何安排它们的空间方位,使环境与色彩相得益彰,共同奏出美妙的交响乐曲,那就需要用美学的理念来精心设计。

首先,需要改变人们对档案室阴沉、肃穆的传统观念,确立高校档案馆文化形象的定位。将档案室作为学校文化教育资源一部分的图书馆一样看待,其外观装饰和周围环境设计要体现人文气息,具有时代感和亲近感,力求显示高校档案馆的文化特色。

其次,对档案馆内部装饰要求美观合理。譬如,在大厅里应有校训之类的标志性文化载体;过道空间可安放有名人名言等图片或雕塑。档案阅览厅空间要足够大、空气流通、环境清新幽雅。阅览室中除了档案资料外,应配置有关档案的专业书籍和杂志,方便读者查阅。同时配之电脑网络等现代化档案检索工具,让师生在该场所中体验美。

最后,档案馆要有丰富而有特色的馆藏文献,并辅之以现代化手段加以研究开发,使高校浓郁的文化气息在这里得以汇聚,让师生员工和社会各界对此享受美的吸引力,产生一种高品位的文化效应。根据这三点设计理念,笔者坚持环境美应包含色彩美,而色彩美在空间美中又扮演着一个十分重要的角色,它们相互渲染,对开发档案价值能起着烘托氛围的作用。

马克思指出:"色彩的感觉是一般美感中最大众化的形式。"色彩是人类长期积淀的对不同波长的光的心理经验,色彩美可以作为独立的审美对象引起人的美感,它丰富而直观,可以随处获取,又很容易感受,色彩的表情性、象征性和审美意味的复杂性使它成为构成形式美的重要因素。随着社会生活的发展,色彩与人们的生活之间的联系日益增多,加上不同民族文化心理的相互影响,使色彩的审美观越来越复杂多样。色彩具有暖色与兴奋、冷色与沉静、活泼与忧郁、华丽与朴素等美感,往往与人们对色彩的联想分不开。因此,笔者认为根据档案的严谨和整齐等特点,档案阅览室的空间设计要以相应的文化内容为背景,适当选择带有平和、宁静的冷色系列基调为宜。

色彩美的创造应该以人为本,把营造整体空间色彩的审美心理为最终目的。档案卷盒的色彩美应与周围环境的色彩相协调,产生空间混合色彩的交织效果。因为色彩不但是外观形态的组成,而且在形态结构中它又是最显要、最直观的部分。可以说色彩在档案管理中的运用十分重要,是一种静态语言;它在材与质的交融汇合、形与色的相得益彰中可烘托出档案艺术的空间美。色彩具有相对的独立性和统一性,而蓝色所表现的内涵恰恰与现代人讲究简洁、整体的环境基调十分协调,营造出整体空间的色彩美。可见色彩美的辉映是来自档案的色彩与环境空间色彩的相互对比和相互协调。

档案艺术与环境空间美的构造,为的是档案部门更贴近师生,更好地为档案的开发利用提供舒适环境。营造出的整体空间美,主要表现在物体与背景交相辉映。物体即档案柜和阅览桌椅,背景可理解为墙壁和落地窗户。空间环境中大面积的墙壁是人们的视觉舞台,在靠墙的档案柜上方适当悬挂与档案有关的具有人文气息的文学家、科学家画像或名言警句,往往会对读者起警策激励作用。档案管理规章制度上墙,制作设计也要讲究艺术,与环境色彩相一致。加上大面积落地窗帘的陪衬,使之浑然一体。

此外,档案室整体空间环境美的设计也很重要。笔者建议在大面积楼道的墙体设计出沿壁悬挂的中国档案文化壁挂;壁挂优美的形态轮廓与起伏上升的色彩韵律,常在冷色墙体的映衬下产生美感。这种设计既营造了环境美,又能起到引导空间的作用,从而表现档案文化的思想内涵;倘若有低分贝的古典乐曲作为背景音乐,相信越来越多的读者将倾心于档案的学习之中,不断接受新人文景观美的熏陶,让人们流连忘返。所谓"近朱者赤,近墨者黑",这就是环境美育的效能。

诚然,一旦把档案进行外包装上架后,展示在玻璃柜中时,那种整洁、规范的样式便透露出浓浓的书卷味和儒雅的文化,也给师生们带来一种美感,严谨的学术成果与完美的艺术外表相结合的魅力,能令人赏心悦目。它是"通过一定的物质材料得到了客观的体现,取得了物态化的形式,成为人们传达和交流审美意识和审美体验的工具",从客观现实中融入主观的审美创造,从而体现了客观性与主观性、内容与形式统一的艺术美的本质和价值。此时所产生的效应是档案的和谐美;这种和谐美突出地表现为档案艺术魅力的又一次升华。可见,只有将多样的统一进行有机的结合所达到的和谐美,才具有时代感和现代感,才符合当今档案的管理要求和当代人的审美需求。

因此,只有通过文化、环境形成人们对高校档案心灵的感应、观念的认同、品味的定型,才能赋予美育无穷的力量,使美育功能得到充分地施展。

三、高校院系档案管理——编辑美

(一)编辑目录——美学多样统一的应用

统一与变化是对立统一规律在艺术中的体现,是产品造型要素构成形式美的法则。汇编目录的功能和要求主要有三个方面:一是提供索引;二是表明选题权重;三是展现档案内容。档案汇编目录编辑有别于其他杂志,它具有对材料的判断鉴别,并进行二次分类和综合性概括的要求,相对目录比较简洁,但编辑者应力求从杂志目录编辑中得到借鉴,在简洁中求新颖。根据汇编目录的三项功能和自身的文字描述,目录的设计应借鉴美学的均衡、对称、节奏、"黄金律"等原理,从版面和字号字体图形安排上把握,总体要风格一致,但应与内容相符而有所变化。例如:教学档案系列汇编有二种目录模式,表格型——专题单行本和主题型——综合合订本,其风格为两种,这是一种变化的统一。表格型版式要求均衡对称,清楚整洁,呈现有规律的节奏;相反主题型目录设计就有一定的空间,可以做些视角变化。

(二)概要编辑——内容美和形式美的统一

编辑过程是一个欣赏美、表现美、发展美和创造美的过程。层层撰写概况、概述、综述也就体现了这一美的创造过程,营造了内容美和形式美的统一。概要撰写的目的在于能客观地反映事物的本质和规律,把档案的内涵美揭示出来。要求具有严谨的科学性与创新性,具体表现在编辑实践过程中,既要了解档案的精神和思想,把握档案的真实性与科学性,并对其进行选择判断,又要运用自己的知识优势从不同视角对"作品"进行过滤和净化,去发展并提炼档案的内涵,撰写出具有思想性、前瞻性的概要,向读者展示。

内容与形式二者是相互依赖,相互制约,不可分割的统一体。内容美需要挖掘,除了以概要的形式来表现外,编辑还需遵循美学的原则作版面的设计,概况、概述、综述撰写体例同中有异,因此设计排版也有所区别。概况有数据统计的表格,一般插在文字中间,文字用五号字幼圆统一规格;概述和综述无表格,一般文字用小四号楷体,开头和落款均有与内容相适应的插图,以突出文章的内容。这三种版头都有统一的编码,如:JX3－1 概况、JX3 概述 JX1－6 综述。并用小三号字黑体加粗,形成虚实对比,以体现版式之美。还可以将电子文档组合排版统一进行版式设计,主要对开本、版心、白边、页码、刊眉、插页等内容及正文、标题的字号、字体等进行艺术科学的设计后,用一条最理想的轨迹将知识信息之间有机联系起来,使读者阅读时的视线既流畅又舒适,内心感到十分愉悦…例如:教学管理汇编、教学动态等。

(三)封面设计——体现创造美、色彩美、板式美

俗话说:"读报先读题,看报先看皮",封面是汇编的脸面。完美的封面设计,蕴藏着反映档案内容特征的象征语言,又具有强烈的艺术感染力,会引起读者的注意,进而受到感化,激起求知欲。可按照题目编研,设计封面主题思想,例如:《走进新视野——外语学院教学轨迹》《创新给人带来的启迪外语教学动态》等。这是对档案内容的高度概括,体现编辑的用心和审美。同时根据题目和内容设计档案装帧封面,主要从布局和色彩上思考。

档案装帧封面布局应打破传统稳定单一的格局,以美学原理融入现代新颖的风格来展示新时代的档案作品。在符合规范的前提下,自由地运用在不同空间的对称平衡,不同的字体字号形成的不同视觉效果。还可以采用非对称平衡,其基本原则主要是巧妙地运用补充法,补充的手段一般是运用不同的字号、字体、标题和图片的大小以及框线底版等来调节封面结构,把弱的补强,形成均衡态势。档案汇编一般是 A4 纸大开本,设计封面更有余地。

编研教学档案汇编本着经济、实用的原则,在大量一般材料中形成的汇编,力求简洁,但也要注意布局合理,色彩搭配。因此要求封面、扉页和装订形式根据教学档案编研成果的题目和内容要求,体现出书籍内容在体例结构、层次等方面的系统性和完整性,整部书从外部形态到内部安排,应贯穿统一的整体设计思想,使全书的各个部分组成一个统一的、和谐的整体。由于是系列汇编,封面设计要有基本统一的格式,色彩上按教学档案 6 个体系分 6 种颜色,再由这 6 种主色调分为系列色,构成一种有秩序、自然、动感的节奏美,以便于管理;扉页分为首扉页和

篇扉页,选用的图片都应符合内容,排版突出主题,均匀对称,美观大方。对专题编研的书籍封面设计力求丰富多彩,明快夺目。

四、建立数字网络多媒体应注重画面美

多媒体数字网络的现代化管理不仅为高校教学档案开发利用打开了方便之门,而且也使美学的运用越来越广泛。建立院系档案网页模块的设计和运用多媒体艺术编研档案都应重视音视效果,通过构图、布局,色彩、音乐等美学效果,构成一幅内容与形式和谐统一的画面。

(一)构图与布局

构图即画面.也称版式,具备匀称和比例、对比和均衡、反复与节奏等美学组合规律,它是利用视觉要素在画面上按着空间要求把它们组织起来的构成艺术——和谐与多样的统一。版面布局艺术设计要通过一定的色彩、线条、形体、块面等的透视、光影和比例对部件进行组合,给用户一种如诗如画的操作界面。在构成艺术中应用黄金分割比例达到审美效果。例如:档案网页模块的设计和多媒体编研,围绕主题设计画面,图片、文字、视频的编辑搭配要充分体现艺术感染力,达到文字、语言、图形、音韵、书面的和谐之美.使画面更富有吸引力。

(二)色彩与音乐

合理地运用色彩的对比与调和规律,注重色彩的错觉感、整体感,要求在统一基调的基础上,合理处置色彩的位置,达到色彩平衡的目的。同时还要注意色彩的节奏与韵律,注意渐变与突变的关系。例如:以咖啡色为基调的档案网页,其模块分割采用浅黄色,突出了主题,达到色彩均衡、深浅对比的艺术效果,统一中求变化有新意。这样设计使工作界面符合美学法则,满足操作者的审美需求。

教学档案进行多媒体编辑,配上背景音乐传播效果更佳。音乐不仅形象、生动、鲜明、准确地表达档案编辑内容,而且有节奏地表达作品的情绪、情感,构建的画外空间,使画面更富有内涵,寓意深刻,具有强烈的震撼力。例如:以"教坛新秀"为专题的多媒体,可通过比赛、证书、体会、评价以及本人多媒体课件的文字、照片和视频的编辑,图文并茂地展示风采。然后选择奋发向上的主题曲烘托,过

程可采用舒缓的背景音乐作陪衬,配上旁白和解说,以增强艺术感染力,激发更多的青年教师奋发作为。全方位地综合运用多媒体艺术创造提升了档案管理的品质。

五、档案室布置展示环境美

档案室环境美主要由硬件和软件组成,硬件包括档案柜、档案盒、阅览桌椅、绿色植物、壁画、窗帘等,软件有色彩、布局、人文景观等。

(一)档案盒艺术设计的创新

档案盒上架是档案归档工作的最后一道工序,也是档案室环境美的重要标志。如何展示档案美,充分发挥院系教学档案的价值,随时随地让教师享受到档案检索的快捷方便,查阅需要的材料为教学所利用。笔者认为应在档案盒脊背和盒面上多动脑筋,一是按体系整齐归类,确定编码便于检索;二是档案盒上架的美观可最大限度地发挥利用的价值。从档案室环境整个布局出发,应考虑档案文化产生的效应,研究美学的运用,规划档案室整体的格调。以经济实用为原则,确定档案盒颜色,与档案室整体的设计一致。对大量产生的教学材料分为纸盒和塑料盒二种装具,一种是量大的试卷、毕业论文、实习报告等用的纸板档案盒为蓝色,一种是材料较少用的塑料盒为黑色,从材质和颜色上求得统一中有变化。

院系档案室不同于学校档案馆,它没有规范的管理体系,其设备装具都与之不同,这是根据自身档案的保存期限以及经济实力所决定。因而才有了我们创造院系档案管理的空间,充分展示我们想象力的平台。由此可以借鉴美学、文学、档案学、书法学等原理,对盒脊背标签进行大胆地构思。设计思路综合上述四种学科的特点,研究院系档案管理方法,抓住我国档案装帧艺术的发展脉络,形成自己独特的管理理念。即档案记录了历史,档案文化体现了中华民族的传统文化,其历代书籍与档案的装帧一脉相承,蓝湛湛的封皮,书名在黑色的框边中显得那么的古朴、庄重。

(二)创建幽雅、安静舒适的环境应注意整体布局和色彩的点缀

档案柜是空间的实体,犹如交响乐中的钢琴,色彩好比首席小提琴,其他点缀

如同众多的管弦乐器。如何安排它们的空间方位,使环境布局与色彩相得益彰,共同奏出美妙的交响乐曲,那就需要用美学的原理来精心设计。

▶▶ 1. 布局美

布局美是环境美的主要部分,在档案室的空间营造出清新儒雅、安静舒适的环境为教学服务,是院系档案管理的根本。因此档案室布局应以干净、明亮、安静、色彩调和、区域分明、简洁大方为原则,营造研究氛围的意境,主要表现在物体与背景交相辉映。物体即档案柜和阅览桌椅,背景可理解为墙壁和落地窗户。蓝色档案盒的柜子分层排列有深度,黑色塑料盒的柜子靠墙摆放,阅览桌椅置于中间,空间环境中大面积的墙壁是人们的视觉舞台,在靠墙的档案柜上方适当悬挂与档案有关的具有人文气息的字画或名言警句,往往会对读者起警策激励作用。档案管理规章制度上墙,制作设计也要讲究艺术,与环境相一致。加上大面积落地窗帘的陪衬,以及绿色植物的点缀,使之浑然一体。

▶▶ 2. 色彩美

色彩美可以作为独立的审美对象引起人的美感,它丰富而直观。档案室的环境设计要以相应的文化内容为背景,适当选择带有平和、宁静的冷色系列基调为宜。例如:蓝灰色表现的内涵与档案室学术研究氛围相贴近,给人思考和智慧。深蓝色的落地窗帘高高悬挂,浅蓝灰的落地玻璃档案柜和阅览桌椅,玻璃柜中透出的蓝色卷盒等作为主色调,搭配绿色植物、壁画的多姿色彩,显得清新明丽,品位雅致。让读者跨进大门时,就会感到心情舒畅,自然而然地愿意在舒适环境中学习、查阅资料。

综上所述,笔者以为高校档案部门是一个多功能的文化事业机构,它不仅具有保管学校重要档案,保存文化遗产的功能,同时它还具有传播知识和信息、开展美育和进行回溯研究等多学科功能。美育是整个教育的一个重要组成部分,作为记载高校教学、科研及各项管理活动的档案所蕴藏的审美价值和美育功能值得人们关注。只有通过高校档案中蕴藏的精神价值、知识价值、美学价值的再现和认知,掌握感受美、鉴赏美、创造美的美育特征,不断地发现、挖掘生活和档案中的美,才能使档案的社会价值得到充分实现。这是一种高层次的开发利用,对提高档案部门的地位、重塑新形象、实现档案信息的共享产生积极的影响。

笔者认为高校院系档案资料的内涵美是美育用之不竭的源泉,其形态美又为美育增添了取之不尽的力量;两者紧密联系、缺一不可;只有当它们自身的美被恰到好处地形成整体艺术性的有机组成部分,达到艺术接受者的审美情感共鸣时,才能最终体现档案艺术完整的审美价值。档案内容与形式两者和谐的统一,能使美育更丰满,对于培养德、智、体、美全面发展的人才,对提高师生的素质都具有重要的作用。引入美学原理创造性地开展档案管理工作,不仅注入了院系档案事业新的活力,而且有助于高校院系工作档案管理研究的新领域,对传播档案提高利用价值具有积极意义。

第三节　高校档案馆舍的美学因素探析

环境美的创造应以人为本,把营造整体空间的审美心理为最终目的。那就需要用美学的理念来精心设计。其外观装饰和周围环境设计要体现建筑美,使其具有时代感和亲近感,力求显示高校档案馆的文化特色,并将其作为学校的文化标志之一。显然,布局与色彩在档案馆舍的环境美中就扮演着十分重要的角色。

一、布局合理需要设计科学性

科学性包含了先进性,从宏观上讲,馆舍设计应有前瞻性,需要考虑空间容量及其功能需求的变化。档案馆建筑内外可根据不同时期的不同需求进行动态调整,满足档案馆近期和远期发展要求。因此,必须合理划分区域、配置功能;如档案库、查阅档案用房、档案业务和技术用房、荣誉陈列室,以及展厅、培训等附属用房都应从宏观上考虑。在硬件设施管理方面,应具备较高的数字化和智能化。从馆舍内部微观着眼,每个部位和角落的布局设计力求科学;设置必要的温度自控系统、安全设备、消防系统、办公自动化系统,并且建立档案馆内部网、公众网等数字档案系统;在装修设计时就应通过综合布线将以上这些系统组合成一个结构统一、管理协调的科学整体布局。

二、馆舍内装饰布局应体现艺术性

建议在大面积楼道的墙体设计出沿壁悬挂的中国档案文化壁挂;壁挂优美的

形态轮廓与起伏上升的色彩韵律,常在冷色墙体的映衬下产生美感。这种设计既营造了环境美,又能起到了引导空间的作用,从而表现档案文化的思想内涵;营造出的整体空间美,主要表现在物体与背景交相辉映。物体即档案柜和阅览桌椅,背景可理解为墙壁和落地窗户。空间环境中大面积的墙壁是人们的视觉舞台,在靠墙的档案柜上方适当悬挂与档案有关的具有人文气息的文学家、科学家画像或名言警句,往往会对读者起警策激励作用。档案管理规章制度上墙,制作设计也要讲究艺术,与环境色彩相一致。加上大面积落地窗帘的陪衬,使之浑然一体。倘若有低分贝的古典乐曲作为背景音乐,相信越来越多的读者将倾心于档案的学习之中,不断接受新人文景观美的熏陶,让人们流连忘返。所谓"近朱者赤,近墨者黑",这便是环境美育效能的彰显。

档案艺术与环境空间美的构造,为的是档案部门更贴近师生,更好地为档案的开发利用提供舒适环境。因而,高校档案馆应具有休闲的功能,其作用是让人们走进档案馆,在休闲中不自觉地有所获益。馆舍建设要体现休闲性,如在走廊有轻巧的公园椅,阅览厅一角有绿化作为休闲区,显然在建筑设计和内容安排上创造环境艺术美,会给人带来轻松、愉悦的感觉,充分展示其浓郁的历史沉淀、博大的人文精神,使档案馆成为人们鉴赏文化的场所。这正是高校档案教育功能和文化功能的一种表现形式,是高校档案价值的一种美育体现。

三、色彩也是环境美的重要因素之一

随着社会生活的发展,色彩与人们的生活之间的联系日益增多,加上不同民族文化心理的相互影响,使色彩的审美观越来越复杂多样。色彩具有明显的表情性,暖色与兴奋、冷色与沉静、活泼与忧郁、华丽与朴素等美感,往往与人们对色彩的联想分不开。因此,笔者认为根据档案的严谨和整齐等特点,档案阅览室的空间设计要以相应的文化内容为背景,不妨适当选择带有平和、宁静的冷色系列基调为宜。

首先,档案卷盒的色彩美应与周围环境的色彩相协调,产生空间混合色彩的交织效果。因为色彩不但是外观形态的组成,而且在形态结构中它又是最显要、最直观的部分。可以说色彩在档案管理中的运用十分重要,是一种静态语言;它在材与质的交融汇合、形与色的相得益彰中可烘托出档案艺术的空间美。

其次,色彩具有相对的独立性和统一性,而蓝色所表现的内涵恰恰符合这种书卷味的意境,与现代人讲究简洁、整体的环境基调十分协调,营造出整体空间的色彩美。深蓝色的落地窗帘高高悬挂,浅蓝灰的落地玻璃档案柜和阅览桌椅,玻璃柜中透出的淡蓝卷盒等作为主色调来布局档案阅览室,显得清新明丽,高贵雅致。让读者跨进大门时,就会感到心情舒畅,自然而然地产生一种高雅之美感。可见色彩美的辉映是来自档案的色彩与环境空间色彩的相互对比和相互协调。

最后,档案馆要有丰富而有特色的馆藏文献,并辅之以现代化手段加以研究开发,使高校浓郁的文化气息在这里得以汇聚,让师生员工和社会各界对此享受美的吸引力,产生一种高品位的文化效应。档案阅览厅空间要足够大、空气流通、环境清新幽雅。阅览室中除了档案资料外,应配置有关档案的专业书籍和杂志,方便读者查阅。同时配之电脑网络等现代化档案检索工具,让师生在该场所中体验求知的美妙。

第八章　信息化时代下高校档案信息管理的创新研究

第一节　当前国家档案信息管理的形势

一、当前的档案管理总体形势

国际形势复杂多变,国内改革发展稳定,任务繁重艰巨,在这样的大背景下,以"为国守史、为党管档、为民服务"为己任的档案部门也承担了更重的责任。十八大以来,档案事业得到了党中央、国务院的高度重视,中央领导同志多次对档案工作做出重要批示,并协调解决档案工作中遇到的问题。中央办公厅、国务院办公厅印发《关于加强和改进新形势下档案工作的意见》(以下简称《意见》),为做好新形势下档案工作提供了重要依据。档案的保护整理工作列入了《国民经济和社会发展第十三个五年规划纲要》,中西部地区县级综合档案馆建设列入国家发展改革委的专项规划。中央财政安排专项资金用于国家重点档案抢救与保护项目。这些重要举措的推进,从根本上改善了国家重点档案和县级综合档案馆状况,为档案事业的可持续发展提供了有力保障。

党和国家对档案工作的重视,给予全国档案工作者极大鼓舞,在大家的共同努力下,档案的作用也更加凸显。

首先,服务党和国家中心工作成效显著。围绕中央对国际国内某些重大问题的决策需求,档案部门为中央领导提供参阅材料,发挥了档案为中央决策服务的作用。

其次,服务经济社会发展扎实有力。通过促进企业档案工作向科学规范管理发展、完成国家重大建设项目档案工作验收、巡回检查建设项目档案、加强对新领域和新类型项目档案的检查指导等工作服务经济建设。通过与民政部、农业部等部门合作,使新农村建设档案工作进一步规范化,维护了农民的合法权益,服务新农村建设取得了显著效果。国家档案局还与水利部联合制定管理办法,完成了第一次全国水利普查档案的检查验收。

第三,档案法治建设日趋完善。通过制修订《国家档案法规体系方案》等规范规章、颁布实施12项档案行业标准、开展档案行政执法检查或专项督查等方式,使全国依法治档的局面基本形成,档案治理能力得到进一步提升。

第四,档案馆基础业务建设稳步推进。全国基本形成了覆盖人民群众的档案资源体系,国家重点档案的抢救工作基本完成,机关、企事业单位档案基础业务得到加强。国家档案局还通过对非公企业、新机构、新组织、新领域建档、管档、用档的指导,进一步拓展了档案工作范围和空间。

第五,档案安全保障能力大幅提升。档案与电子文件登记备份、异地异质备份和外包工作的持续开展,使档案安全建设进一步规范化、标准化。

第六,档案信息化建设快速推进。全国副省级以上档案行政管理部门完成了"三网一库"建设工作,档案信息化建设不断向纵深发展。各级档案馆(室)实现了由传统管理向现代化管理转型升级,持续推进了档案馆与数字档案馆一体化建设,档案信息共享建设也正在稳步实施。

此外,档案宣传工作也有了新突破。国务院新闻办第一次组织50家中外媒体70多位记者集体采访中央档案馆;国家档案局第一次将"国际档案日"确定为全国档案部门的宣传活动日;国务院新闻办第一次为国家档案局举办专场新闻发布会,介绍日本战犯笔供档案的公布情况,这也是迄今为止历史上档案宣传力度最大、规格最高、持续时间最长、影响范围最广的一次,充分体现出档案工作有效服务大局的作用。这些宣传活动在国内外引起强烈反响,取得了广泛的社会宣传效果,增强了档案工作的影响力和辐射力。

"十三五"期间档案事业取得的成绩,是党中央、国务院和各级领导亲切关怀和大力支持的结果,是社会各界关心支持的结果,是全国广大档案工作者共同努力的结果。

对照《建议》要求,国家档案局认真分析了档案事业发展形势,精心谋划档案事业发展大局,在深入调查研究和广泛征求意见的基础上,形成了《全国档案事业发展"十三五"规划纲要》(以下简称《规划》),并在全国档案工作暨表彰先进会议上进行了审议。为使《规划》更加科学、更趋完善,更好地指导全国档案事业发展,与会代表建言献策,认真审议修改。2016年4月1日,国家档案局正式印发《全国档案事业发展"十三五"规划纲要》,提出,到2020年,初步实现以信息化为核心的档案管理现代化,基本建成与全面建成小康社会相适应、有效服务国家治理和"五位一体"建设的档案事业发展体系。《全国档案事业发展"十三五"规划纲要》的提出,为我国的档案事业提供了更明确的发展方向。

二、我国档案信息化发展进程

我国的档案信息化是随着国家信息化的发展而发展起来的,其过程大致分为萌芽起步、快速推进和系统发展三个阶段。

(一)萌芽起步阶段

档案信息化的起步以计算机技术的发展为基础。20 世纪 70 年代末,随着计算机的引入,我国档案界开始尝试运用计算机管理档案。

20 世纪 80 年代初,绝大多数档案部门尚不具备配置计算机的条件。资料显示,至 1985 年底,全国总共只有二十多个档案馆配置了比较先进的计算机设备,但开发并成功运行计算机档案管理系统的仅限于中央档案馆、中国第一历史档案馆、中国第二历史档案馆、中国人民解放军档案馆、中国照片档案馆等少数实力雄厚的国家级档案馆。这些实验性应用系统尝试使用数据库管理档案目录,多数只是建立一个简单的目录数据库,自行开发应用软件,档案系统的功能局限于用计算机来辅助档案编目与检索。

为适应计算机辅助档案检索的需要,档案界自 20 世纪 80 年代中期开始着力于制定档案著录标引的国家标准,陆续出台了一系列档案编目和机读档案目录制作方面的规范,主要有国家标准《档案著录规则》(1985 年制定,1999 年重新修订,DA/T18－1999);《中国档案分类法》(国家档案局 1987 年编制);《中国档案主题词表》(国家档案局 1988 年编制,1995 年修订再版)等。这些规范、标准的制定,为建立全国统一的档案目录检索体系奠定了基础,推动了我国档案机读目录数据库建设的发展。

1985 年召开的全国档案工作会议对省级以上档案馆有计划地实施计算机档案检索提出了"积极、稳妥、注重实效"的发展要求。此后,各地的档案目录数据库建设有了一定的起色,但受设备和人员不足的限制,数据量的积累速度较缓慢,每个单位每年的平均建库量不足 5 万条记录,只有少数单位达到年平均 10 万条记录以上,数据库容量有限,录入数据以案卷级为主,多数档案管理应用系统处于数据量不足的状态。此后,随着机读档案目录数量的增加,一批实用效果较明显的应用系统问世,许多档案馆在档案目录数据库建设方面取得了不俗的成绩,如地质矿产部资料馆已开始运行微机进行地质资料目录存储、检索、编目、制卡、统计分析等工作;中国电影资料馆已将 4000 部影片目录输入计算机,可按片名、影片种类、影片题材内容、影片获奖情况等进行分类检索。计算机档案管理应用效果的逐步体现,极大地鼓舞了档案工作者的热情,使档案界对计算机档案管理的认识产生了质的飞跃。

随着计算机软硬件环境的进一步发展和档案界对档案管理自动化研究的深入,计算机辅助档案管理的范围开始从检索、统计向各个环节扩展,计算机档案管理系统由实验性系统向实用化系统转变。

20 世纪 90 年代初,我国档案管理现代化方面的标准进一步完善。在标准化的基础上,北京超星等个别专业软件公司开始介入档案管理软件的开发、推广,功能较全、通用性较强的商业性档案管理软件问世,计算机档案管理开始走向普及阶段。

(二)快速推进阶段

20 世纪 90 年代初,国家实施经济信息化战略,"三金"工程的启动加快了整个社会的信息化进程,计算机应用成了普遍的工作方式。随着办公自动化(OA)、计算机辅助设计(CAD)、计算机辅助制造(CAM)的应用发展,电子文件的类型和数量迅速增加,对档案管理提出了严峻的挑战,如何保证数字档案的原始性、真实性、完整性和可靠性,成为档案界面临的巨大挑战。

在此背景下,国家档案局于 1996 年成立了电子归档研究领导小组,开展了对电子文件归档管理方法及标准的研究。1997 年,以国家科委为首的有关部门对CAD、CAM 中形成的各种电子文件的归档及其归档后形成的电子档案的管理进行研究,并列入"九五"攻关项目。在一系列研究和实践的基础上,1999 年,国家档案局发布了行政规章《电子文件归档及电子档案管理方法》(国家标准报批稿),对公文类电子文件和电子档案的收集、整理、归档、保管、利用等做出了规定,同年发布了国家标准《CAD 电子文件光盘存储、归档与档案管理要求》(GB/T17678.1 - 1999),对 CAD 电子文件的光盘存储和保管进行规范。电子文件的大量问世,使电子文件的归档与管理成为档案信息化过程中的核心问题。

在计算机档案管理系统方面,随着技术支持的社会化,软件的通用性越来越强,档案管理软件市场不断丰富,档案管理软件系统一度多达千种。形形色色的档案管理软件质量参差不齐、规格功能不一,在提高计算机管理档案普及率的同时,也带来了数据交换和系统集成方面的困难。为此,国家档案局从1996年开始对国内计算机档案管理软件进行测评和筛选,1997年公布了首批推荐软件,使通用档案管理软件的质量得到了保证,也为档案部门以较少的投入获得最佳应用效果提供了指导。技术的进步和市场竞争的作用,使档案管理软件系统不断升级,功能更加完善,从基于机读目录的编目、联机检索系统发展到基于外部存储的档案全文信息系统,从一般的档案管理到文档一体化管理,从封闭的单机系统到基于局域网的档案网络管理系统,档案管理软件的标准化、通用性程度不断提高。但总体上看这一阶段的管理档案系统仍以单机系统为主,档案数据库也以目录管理为主。

在信息化整体战略的推动下,国家和地方政府对档案信息化建设的投入有较大程度的增加,档案部门配置的信息化设备越来越多,档案信息化建设的相关法规也得到了进一步的完善,除上述关于电子文件归档管理的标准、规范外,档案界还先后颁布了5部行业标准,同时,档案从业人员的计算机应用能力迅速提高,档案信息化建设进入了快速发展时期。

(三)系统发展阶段

进入21世纪后,信息网络技术的广泛应用,特别是电子政务的快速发展为档案信息化建设注入了新的活力,国家档案局开始正式部署并全力推进全国档案信息化工作。列举了档案信息化建设的五项内容:吸收、采纳、转化有关电子文件归档和电子档案管理的各类标准并制定相应的办法与标准,实现电子文件即时归档;加强对电子文件积累、著录、归档工作的监督、指导,保证有保存价值的电子文件齐全、完整、有效;探索档案馆电子档案接收、保管、利用的方法;组织力量研究解决电子文件归档管理技术方法、电子档案科学保管技术方法、电子档案远程利用技术方法、电子档案原始凭证作用等课题;加快现有档案的数字化进程,建设完善一批内部局域网,实现馆藏开放档案目录的网上查询和浏览服务等。

国家档案局进一步发布了我国档案工作迄今为止唯一的专项规划《全国档案

信息化建设实施纲要》,对"十五"期间档案信息化建设的指导思想、目标任务做了专门部署,具体明确了档案信息化建设的基本内容和建设要求,对全国档案信息化建设产生了积极、重大的影响,成为我国档案信息化过程中里程碑式的文件。为提高档案信息资源开发利用工作水平,贯彻落实《关于加强信息资源开发利用工作的若干意见》的文件精神,国家档案局和国务院信息化工作办公室在上海联合举办了"中国档案信息化发展战略论坛",邀请国内外专家就加强档案信息资源开发利用展开深入研讨,会议对档案信息化建设适应国家信息化发展战略的转型,进一步发挥档案信息资源的作用,建立档案信息化发展长效机制起到了积极的推动作用。

这一阶段档案信息化建设成就斐然,主要表现在以下几方面。

第一,档案信息化纳入到信息化建设的总体框架之中,与电子政务建设紧密结合,成为国家信息化战略的重要组成部分,北京、辽宁、上海等许多省、市档案局被列为地方信息化领导小组成员单位。

第二,档案信息化建设由局部走向整体,在宏观框架下进行全面规划和组织实施。国家档案局成立了全国档案信息化工作领导小组,出台了《全国档案信息化建设实施纲要》,各地也相继出台了本地区档案信息化建设方面的规划和规章,全国大多数省、自治区、直辖市档案局成立了由主要负责人任组长的档案信息化领导小组。

第三,一些重大档案信息化项目得到立项,如广东省政府系统政务信息化建设项目、天津档案信息资源建设、上海市电子档案工程、浙江省数字档案馆建设工程、江苏省电子文件管理中心工程、安徽省档案信息化建设项目、福建省分布式档案基础数据库建设项目(一、二期)、湖北省基于政务网的电子档案系统项目、四川省文件服务中心建设项目、青岛数字档案馆项目、大连数字档案馆项目、深圳数字档案馆项目、杭州市网上档案馆建设项目等,特别是"国家数字档案建设与服务工程"的立项实施,迅速扩展了档案信息化方面的投入规模,全面提升了档案信息化建设的水平。

第四,电子文件的归档管理得到更多的重视,一批有关电子文件管理的标准、规范相继出台。

第五,各级档案部门在档案机读目录数据库建设、馆藏档案数字化、档案网站建设、数字档案馆建设方面均取得了长足进展,档案网站总数逾千,档案信息化建设全面、有序、系统推进。

三、档案管理国际学术交流状况

近年来，我国档案信息化学术水平逐步提高，在国际档案信息化领域占有重要地位，通过主动参与国际学术交流，不断提升中国档案工作的地位和影响力。我国组织或参与的国际档案前沿学术交流活动频繁，涉及档案信息化方面的内容日趋广泛和深入。

中韩档案管理研讨会。分别在首尔和北京召开第一届和第二届中韩档案管理研讨会，会议围绕"电子文件管理和文档数字化业务"和"以管理电子文件为背景的档案标准与法规建设"展开讨论。中国代表以"电子档案长久保存与利用——低成本高效率高效益的长春模式""电子文件管理的相关法规建设""电子文件系统管理面临主要问题的解决方案"等学术报告与韩国同行进行交流和探讨。

"电子文件管理国家战略"和"电子文件国际前沿管理成果"国际学术研讨会。中国人民大学先后组织了国际电子文件学术研讨会，会议邀请了美国、荷兰、加拿大、澳大利亚等国家的知名档案专家学者，与来自国家档案局、省市档案局、企事业档案部门的领导和骨干、高校师生，共同探讨电子文件管理领域的热点话题。

第二节　实现档案信息化管理的技术应用

一、电子文件在档案信息化中的应用

由于国家信息化的整体推进，信息技术已在各行各业得到普遍应用，各组织机构、企事业单位的文件档案工作环境正由纸张环境向电子环境迁移，许多领域正逐步实现业务活动电子化、无纸化。电子文件的应用范围不断扩展，种类日益丰富，其信息类型包括文字处理、数据库、图形图像、视音频等多种文件类型，也存在电子邮件、GIS、CAD、CAE、数据库、网页、博客、即时通信等多种形式，其应用已经渗透到政治、经济、文化、科研、生产和社会生活之中。中国科协年度重点课题《我国电子文件管理机制研究》针对 49 家中央机关及直属企事业单位的调查表明:中央机关及直属企事业单位电子文件数量已占全部文件数量的 72.7%;49%的受访单位生成的电子文件数量占文件总数的 50% 以上;14.3% 的受访单位生成的文件 100% 为电子文件;48% 的受访单位认为未来 5 年将会有 50% 以上的文件以电子文件的形式存在。随着《中华人民共和国电子签名法》的正式实施,电子文件的地位和作用发生了明显变化,越来越多的机构开始逐步采用电子文件单轨运行。可以预见,电子文件应用的广度和深度将空前加强。

中央办公厅、国务院办公厅联合印发《电子文件管理暂行办法》,指出文件管理要遵循信息化条件下电子文件的形成和利用规律,坚持统一管理、全程管理、规范标准、便于利用、安全保密等基本原则,规定了电子文件在形成、办理、归档等过程中的条件和要求,这是国家正式颁布关于电子文件的管理办法,意义重大。

国家档案局在全面分析我国电子文件系统建设现状的基础上,开展了"国家电子文件支撑平台系统"建设项目,旨在通过认真总结我国十多年电子政务建设正反两方面经验与教训、民族软件企业发展模式的利弊和认真梳理、分析党政机关、企事业单位对电子文件管理系统共性业务与技术需求,实现对电子文件管理系统标准体系的研究和编写,最终形成符合我国国情的、具有自主创新性与示范意义的、能够被社会所认可的、可以公开标准的、并可持续发展的国家电子文件支撑平台系统,初步实现我国对电子文件系统按统一标准规划、设计、建设、应用与管理,推动我国电子政务的标准化、国产化进程。

二、云计算技术在档案信息化中的应用

云计算是当前信息技术领域的热门话题之一,正受到社会各界的高度关注,并将使档案信息化面临一系列新的机遇和挑战。

(一)云计算的概念及特征

云计算是一种基于互联网的计算方式,这种方式利用分布式计算和虚拟资源管理等技术,通过网络统一组织和灵活调用,将分散的信息资源集中起来形成共享的资源池,并以动态按需和可度量的方式,向使用各种形式终端的用户提供服务。在云计算环境中,应用软件直接安装到了"云"端的服务器中,而不是用户终端上,用户仅需要通过 Web 浏览器登录到"云"端的管理平台就可以使用软件并得到所需服务。"云"是对计算服务模式和技术实现的形象比喻。"云"由大量基础单元—云元组成,各个云元之间由网络连接,汇聚成为庞大的资源池。

按照云计算服务提供的资源所在的层次不同,可以分为 IaaS(基础设施即服务)、PaaS(平台即服务)和 SaaS(软件即服务)三种服务方式;根据服务对象的不同,可以分为面向机构内部提供服务的私有云、面向公众使用的公有云以及二者相结合的混合云等。

(二)云计算用于档案信息化建设的优势

▶▶ 1. 实现档案信息资源共享

通过云计算,档案部门可避免因档案管理系统软件的多头开发所造成的"信息资源孤岛"现象,可在不同地域档案部门之间构筑档案信息资源、"共享池",实现电子档案资源的高度集中统一管理和广泛共享。

▶▶ 2. 节省投资成本及运维费用

众多档案部门不再需要构建自成体系的软硬件平台,而以极低的成本投入获得极高的运算能力,大幅度降低运维费用和提高运维效率。

▶▶ 3. 提高信息系统的安全性

以往档案馆中的数据都集中在本馆的服务器上,一旦服务器出现故障,档案馆就无法为用户提供正常的服务,甚至导致数据的丢失。而采用云计算,就会存在大量服务器,即使某台服务器出现故障,其他服务器也可以在极短的时间内将故障服务器中的数据进行拷贝,并启动新服务器,继续提供无间断服务。

▶▶ 4. 解决人才短缺问题

云计算的档案信息系统维护由云端技术人员负责,与目前各档案部门配备专门的信息技术人员的做法相比,既专业又节约人力成本。

(三)云计算对档案信息化的保障

目前,档案信息化面临资源整合难、数据集中难、系统运维难、资金投入难、人才引进难等诸多难题,云计算技术的出现,将为档案部门走出困境提供新的思路。

1. 档案信息化基础设施保障

由于经济水平的差异,不同地区对档案信息化建设的投入也存在较大差别。经费紧张的地区难以满足基础设施建设的需求;而经济发达地区的基础设施资源存在闲置的现象。为此,档案部门可以采用云计算的"基础设施即服务"方式,整合档案行业的服务器、存储器等设备,通过"云"平台,向各级档案部门提供基础设施服务,不仅可以避免设施建设重复投入的浪费,也可以减少技术力量较弱档案部门的系统运维开支。

当前,国家档案局正在开展"中国档案云"项目,联合中央档案馆、中国第一历史档案馆、中国第二历史档案馆在内的全国 50 家副省级以上地方、单位的档案馆,尝试构建包含国家级档案云、省级区域档案云和市(县)级区域档案云的档案行业 IT 基础设施,助推全国档案信息化事业的发展。

2. 档案信息化业务平台保障

档案管理应用系统的研发和运维需要档案部门投入大量资金和人力,尚且难以确保应用系统的质量。采用"平台即服务"模式,各级档案部门可以集中使用资金和优秀的人才,研制和推广通用的档案管理软件,既可避免软件重复研制的资金投入,又可通过通用软件的推广,改变过去因重复建设造成数据异构、平台异构、流程异构,档案信息资源难以互联共享的弊端。

3. 档案信息化高效利用保障

如何通过档案的社会化服务,增强档案社会利用价值,提高社会的档案意识,是新时期加强和改进档案工作的重要课题。

依托部署在"云端"的档案资源管理体系,公众可便捷地获得数字档案资源,并开展不同专题的档案编研;也可以将家庭档案和个人收藏制作成精美的网络展览推入"云端"供共享;还可以利用"云端"提供的"一站式"检索功能获得跨专业、跨地区的档案信息。

在国家档案局开展的"中国档案云"项目中,已建设了以云计算技术为依托,覆盖全国各级综合档案馆,为社会提供统一查询利用开放档案信息的专业化平台,该门户网站被命名为"中国记忆"。

(四)云计算应用于档案信息化建设的障碍

云计算将会大幅加快档案信息化建设的步伐,但目前云计算技术研究还处于初级阶段,存在诸多问题需要解决。其中,安全问题与标准问题是制约云计算与档案信息化相结合的主要因素。

▶▶ 1. 安全风险时有发生

档案是国家的宝贵财富和重要信息资源,具有一定的保密性,安全性要求相当突出。自云计算服务出现以来,由于软件漏洞或缺陷、配置错误、基础设施故障、黑客攻击等原因造成信息服务中断的事件时有发生。在互联网数据中心的全球调查中,对云计算安全、性能、可靠性等抱有怀疑态度的用户占70%以上。在2018年工信部电信研究院的调研中,我国用户在选择云服务商的时候,首要考虑的问题为稳定性、安全性和网络质量。

从技术上看,云计算系统的安全漏洞是不可避免的,且由于网络服务化、数据集中化、平台共享化和参与角色多样化,云计算所面临的安全风险相对于传统信息化系统更加复杂。但同时应看到,在绝大多数情况下,相对于个人和中小企业用户而言,云服务提供商可以提供更加专业和完善的访问控制、攻击防范、数据备份和安全审计等安全功能,并通过统一的安全保障措施和策略对云端IT系统进行安全升级和加固,从而提高这部分用户系统和数据的安全水平。

▶▶ 2. 相关制度尚未建立

云计算技术在火热的概念背后,仍有诸多模糊的定义。每一个云提供商都站在自己的利益角度解读这项技术,以求更大的经济效益。"无规矩不成方圆",缺乏云计算服务所必需的标准规范、合同范本、采购管控、评估认证、后期管理等相关制度和管理机制,使云计算在档案领域的应用面临诸多困难。

然而,云计算毕竟是信息化发展的新趋势,档案信息化必须以积极的心态迎接档案云时代的到来。

三、大数据技术在档案信息化中的应用

(一)大数据概念分析

大数据的起源可以追溯到 2000 年前后,互联网网页以每日约 700 万个的速度爆发式增长,2018 年年底,全球网页数达到 40 亿个之多,用户在互联网上检索准确信息也变得愈发困难。谷歌公司为提高用户使用互联网的效率,率先建立了覆盖数十亿网页的数据库,成了大数据应用的起点。而大数据技术的源头,则是谷歌公司提出的一套以分布式为特征的全新技术体系。

大数据从出现至今,一直都是社会关注的焦点,但至今仍无公认的定义。对于大数据,可以从资源、技术、应用三个层次理解:大数据是具有体重大、结构多样、时效强等特征的数据;处理大数据需采用新型计算架构和智能算法等新技术;大数据的应用强调以新的理念应用于辅助决策、发现新的知识,更强调在线闭环的业务流程优化。大数据不仅"大",而且"新",是新资源、新工具和新应用的综合体。

(二)大数据关键技术

从数据在信息系统中的生命周期来看,大数据从数据源到分析挖掘再到最终获得价值一般需要经过数据准备、数据存储与管理、计算处理、数据分析和知识展现等几个环节。对于数据准备环节和知识展现环节来说,大数据所带来的变化只体现在量上,而对于数据分析、计算和存储三个环节则有较大影响,需要重构技术架构和算法,而这也将成为当前和未来一段时间内大数据技术创新的焦点。

▶▶ 1. 数据准备环节

大数据数量庞大、格式多样,质量也良莠不齐,因此在数据准备环节必须对其进行格式的规范化处理,为后续的存储与管理奠定基础。此外,要在尽可能保留原有语义的情况下去粗取精,消除数据噪声。

▶▶ 2. 数据存储与管理环节

当前全球数据量以 50%的速度不断增长,数据的海量化和快增长特征是大数据对存储技术提出的首要挑战。谷歌文件系统(GFS)和 Hadoop 分布式文件系统 HDFS 采用分布式架构,弥补了传统存储系统的不足,同时能够达到较高的并发访问能力。

大数据对存储技术提出的另一挑战是多种数据格式的适应能力。格式多样化是大数据的主要特征之一,因此大数据存储管理系统必须满足对各种非结构化数据进行高效管理的需求,非关系型数据库应运而生。未来,大数据的存储管理技术将进一步把关系型数据库的操作便捷性特点和非关系型数据库灵活性特点结合起来,研发新的融合型存储管理技术。

▶▶ 3.计算处理环节

大数据的计算是数据密集型计算,对计算单元和存储单元间的数据吞吐率要求极高,对性价比和扩展性的要求也非常高,分布式并行计算技术弥补了传统并行计算系统在速度、可扩展性和成本上的不足,适应大数据计算分析的新需求。

▶▶ 4.数据分析环节

数据分析环节是大数据价值控制的关键。目前大数据分析主要有两条技术路线,其一是凭借先验知识人工建立数学模型分析数据;其二是通过建立人工智能系统,使用大量样本数据进行训练,让机器代替人工,获得从数据中提取知识的能力。人工智能和机器学习能够更好地适应当前的大数据环境,具有良好的发展前景。

▶▶ 5.知识展现环节

在大数据服务于决策支持场景下,以直观的方式将分析结果呈现给用户,是大数据分析的重要环节,如何让分析结果易于理解是主要挑战。但是在嵌入多业务的闭环大数据应用中,一般是由机器根据算法直接应用分析结果而无须人工干预,这种场景下知识展现环节不是必需的。

(三)大数据对档案信息化的保障

▶▶ 1.档案数据高效存储保障

目前,馆藏数字档案量已经从 TB 级别跃升至 PB 级别。与此同时,科技进步衍生出的数据呈现出了分布式和异构性特点,需要归档的数字资源繁多,包含结构化、非结构化和半结构化数据。非结构化数据,如文本、图片、各类表格、图像和音视频等,半结构化数据,如 E-mail 文档等,都不便于使用关系数据库二维逻辑表来表现。

传统关系型数据库已经无法满足对数量庞大、类型多样的档案资源的组织与管理需求,需要引入大数据管理系统对档案进行分布式存储、快速检索。大数据存储方法有很多种,如 Hadoop、NoSQL 具有一些共同的特点,即利用硬件的优势,使用可扩展的、并行的处理技术,采用非关系模型存储处理非结构化和半结构化的数据,并对大数据运用高级分析和可视化技术。

▶▶ 2. 档案数据价值挖掘保障

在档案数字资源中,不同的档案数据包含的价值存在差异,有可能导致用户获取价值信息的难度增大。如何从这些资源中提炼、挖掘出有价值的档案信息,并以人们易于接受的方式传递给用户,是目前档案工作者必须解决的问题。大数据时代带来新的技术,为档案工作者提供解决问题的方式。档案工作者可以采用大数据技术,在海量档案数据中发现关联,从不同角度对其进行聚类和分类,以多维度、多层次的方式展现档案数据,将非结构化数据转换为结构化、半结构化数据,从而使用户更准确、更容易获得档案信息。必要时,还可以通过可视化技术,形成图形图像,直观地展示最终结果。从海量数据中分析潜在的知识决定着大数据时代档案工作的发展水平及方向,这也意味着在大数据时代,档案工作的重心将向档案资源的数据分析、数据挖掘方向转移。

▶▶ 3. 档案数据高效利用保障

大数据时代下的档案工作服务讲求时效性和便捷性,基于大数据技术可为实现网络信息服务的智能化、个性化、精品化提供支持工具。依托互联网技术,全方位地实现档案信息智能检索服务、档案信息决策服务及档案信息跟踪与推送服务。利用这些技术手段,彻底颠覆传统档案分类在档案管理中存在的诸多弊端,将档案事业推向又一个全新的发展高度。

(四)大数据技术应用于档案信息化需注意的问题

▶▶ **1.** 大数据技术实现问题

不同于传统的档案管理技术,档案大数据管理系统通常是一个由很多节点组成的分布式系统,实现起来较为困难。档案管理工作者需要打破专业限制,寻求与专业的具有相应资质的大数据开发公司合作,将行业的需求和大数据技术结合起来,才能开发出适合档案行业特点的大数据平台。另外,我国纸质档案数字化形成的绝大多数是文字图像,不便于大数据技术的处理,应当将文字图像通过 OCR 识别,生成文本文件,并尽可能提高识别的准确率,为档案大数据处理创造条件。

▶▶ **2.** 信息安全问题

档案是不可再生的社会核心信息资源,有时人为的操作失误、系统技术故障、计算机病毒、黑客攻击、间谍窃取等原因会造成档案数据的破坏,给机构甚至国家带来巨大损失。因此,在实施大数据技术时,要重点加强信息安全保障体系建设,采取各种安全技术措施,保证档案数据的完整与安全。

▶▶ **3.** 保密问题

大数据时代下,档案信息主要通过网络进行传输,容易被复制和扩散,导致档案信息资源在开发和利用过程中可能出现信息泄漏、隐私权侵犯、知识产权纠纷等隐患。对于国防、军事、科技等领域来说,档案涉密层次高,一旦泄密将直接危及国家安全。如何实现涉密档案信息资源的合理利用,既充分发挥涉密档案的价值,又保证涉密档案的安全,是大数据时代档案管理面临的重大挑战。

大数据时代的来临,相比其他信息技术更加契合档案信息化建设工作的需要,尤其是在当前的知识经济时代,将档案信息转化为知识资源,会成为新时期档案工作的必然发展方向。

第三节　高校档案信息管理现状

近年来,互联网已经渗透到人们的日常生活中,对于档案管理部门而言,档案的存储以及收发工作在互联网的帮助下能够更加高效、快捷地进行。目前,档案电子化已经成为一种发展趋势,档案管理部门通过将档案存放在云端来拓展档案的传播空间,可以让需求者能够在第一时间快速地检索到自己所需要的档案。然而,正是这种快捷性,为一些不法分子提供了犯罪的机会。网络本身具有开放性和虚拟性的特点,一些恶意软件或是黑客很容易利用这种漏洞来对档案进行攻击或恶意读取、修改。因此,档案网络化管理中的信息安全已成为档案管理工作的重点内容。

一、网络环境下高校档案管理面临的安全问题

随着互联网技术的发展,计算机网络已经成为重要的信息交换手段,并渗透到社会生活的各个领域,表现在档案工作上也是如此。实现档案管理和档案信息服务的网络化是档案事业发展的必然趋势,同时给档案事业的发展带来新的机遇,也带来新的挑战,档案信息安全题是网络环境下档案事业发展面临的主要新挑战之一。目前,档案部门建立馆、室内部的档案局域网和接入互联网的档案站点,在网络环境下开展工作,促进了工作效率和服务水平的提高,但是由于计算机网络具有共享性、开放性、复杂性等特征,致使网络面临各种安全威胁、档案信息随时可能受到破坏和攻击。所以,保证档案信息网络安全运行就显得至关重要。

(一)安全保密问题是档案信息网络管理的最大障碍

计算机网络技术是一个开放的系统,尽管在信息安全保密方面人们已经采用诸如网络防火墙技术、防毒查毒、公共网络、内部网络与外部网络的物理隔离等成熟方法与技术,但这些在蓄意窃密的"黑客"面前仍会显得苍白无力。从理论上讲,公共网络上的任何一台计算机终端都存在被非法访问的可能。因此,人们应清楚地认识到安全保密问题是档案信息网络管理的最大障碍。

(二)影响网络安全的因素

人们认识到的网络安全,一般是指网络系统的硬件、软件及其系统中的数据受到保护,防止因为偶然因素或者恶意的攻击而使网络安全遭到破坏、数据遭到更改、信息遭到泄露,保证信息系统能够连续、可靠、正常地运行。然而实际网络环境中常常会出现硬件的损毁、系统软件或应用软件的缺陷、电脑病毒、黑客攻击

等诸多问题,都直接威胁到网络的安全,主要表现在以下几个方面。

1. 容易被忽视的物理安全因素

保证档案信息网络中各种设备的物理安全是整个计算机网络系统安全的前提,主要涉及对档案信息网络所在环境的安全保护,如区域保护和灾难保护;设备安全(主要包括设备的防盗、防毁、防电磁信息辐射泄露、防止线路截获、抗电磁干扰及电源保护等);媒体安全(包括媒体数据的安全及媒体本身的安全)。

2. 来自内部或外部的非法访问

来自内部或外部的非法访问可能致使网络遭受非法修改和恶意攻击,威胁到网给环境下的档案信息安全。比如,网络管理员对用户权限分配不合理,用户密码选择不严密,来自外部的黑客入侵等。

3. 防不胜防的计算机病毒侵害

通过网络传播的病毒在传播速度、破坏性和传播范围等方面都是单机病毒所不能比拟的,网络中所有的终端、通道都可以是病毒的有效攻击点。

4. 普遍缺乏基本的备份系统

档案信息网络环境下,尤其是基层的档案信息化网络在建设过程中,为了节约资金,很少有意识地考虑同步建立备份系统,一旦发生网络安全问题,档案信息将失去信息恢复的可能。

5. 网络安全意识薄弱

长期以来,档案人员已经牢固建立了档案原件保管的安全意识,并将馆库安全工作视为安全问题的重中之重,但却易于忽视档案信息化管理过程中档案信息网络的安全问题。

(三)走出网络安全认识上的习惯误区

误区1:局域网中运行的计算机是安全的。

一般人认为局域网有两种形式,一种是通过一个路由器和多个交换机互联的小区域网络,另一种是通过代理服务器上网的计算机。以上两种网络组织形式存在一个出口(俗称网关),第一种网关是路由器,第二种网关是代理服务器。而作为一般性的设置,网关都有配套的防火墙和端口管理。在网关上设定的防火墙或者端口管理如果长时间没有调整,那么对最新的病毒防范是无效的。此外,当人们在网上浏览时不慎点击了别人设置的"病毒文件",网关也很难阻止病毒的侵袭。因此,简单地认为局域网中的计算机就是安全的想法是错误的,一定要像其他计算机一样设定自己的安全级别,安装杀毒软件、杀木马软件、反间谍软件,并时刻谨慎浏览网上信息。

误区 2:如果不连接互联网,局域网中的计算机是安全的。

局域网中的计算机在不连接互联网的情况下,虽然少了很多风险,但是并不能保证每一台网内计算机都是安全的。计算机一般会有对外信息交互的机会,如访问 FTP、网上邻居、使用移动存储设备(如 U 盘或者 MP3 等),如果网内的计算机通过这些机会感染了网络病毒,整个局域网内的计算机必然受到病毒的攻击。

误区 3:多装几个杀毒软件就不会出现问题。

一般来讲,杀毒软件的编程是滞后于病毒出现的,因此,人们应该清楚地认识到任何一款杀毒软件对于计算机病毒来说都不是万能的,很多杀毒软件并不能完全查杀木马,一般的杀毒软件很少能杀到间谍软件。

杀毒软件的目的在于预防和发现病毒,但是如果安装过多就有可能带来很多不便。因为杀毒软件都有监控程序,并且有反监控的功能,所以当一个杀毒软件想监控所有进出计算机的进程的时候,如果遇到其他杀毒软件就会互相干扰,有时会出现多个防病毒软件相互错误的判断。

误区 4:系统平台经常更新就不会感染病毒。

一个系统漏洞从被发现到漏洞补丁的出现会经过一到两周的时间,这期间一旦被计算机黑客利用,后果是很危险的。另外,许多人认为那些紧急和重要级别的补丁需要即刻操作,而忽略对一般性补丁的操作,对于黑客入侵者来讲同样会使人们中招。

误区 5:在线杀毒或者在线扫描没问题说明系统是安全的。

在线杀毒或者在线扫描,就如同所有的杀毒软件一样不可能解决所有病毒的防范。杀毒软件提供的在线杀毒等服务更多是出于对它自身产品的宣传和营销的一种策略,最终的目标还是吸引大家去购买软件。

二、高校档案信息安全领域现有的安全措施

电子档案是高科技的产物,信息安全技术对于维护高校电子档案的原始性、真实性至关重要。

(一)电子档案信息认证,恢复技术

▶▶ 1. 签署技术

电子档案的签署技术一般包括证书式和手写式数字签名。证书式数字签名是对发出的文件,发方利用自己的密钥进行加密处理,生成一个字母数字串的"数字签名",再与文件一起发出。手写式数字签名是在文字处理软件中嵌入专门的软件模块,作者使用光笔在屏幕上签名,或使用压敏笔在手写输入板上签名,与在纸质文件上的亲笔签名一样。

▶▶ 2. 加密技术

加密技术的一个重要功能是可以确保电子档案内容的非公开性。其加密方法有很多种,一般在传输过程中采用"双密钥"。在网络中,一个加密通信者通常拥有一对密钥:加密密钥和解密密钥。加密和解密是不一样的密钥,因此外人很难从截获的密文中解密,这对于传输中的电子档案具有很好的保护效果。加密密钥是公开的,解密密钥是严格保密的,发方使用收方的公开密钥发文,收方用只有自己知道的密钥解密。

▶▶ 3. 身份验证

身份验证最常用的方法是给每个合法用户一个"通行字"(password)(由数字、字母或特定符号组成的),代表该用户身份。用户进入系统访问前,首先要输入自己的"通行字",对于这个通行字,计算机将与存储在机器中有关该用户的其他资料比较验证。若验明为合法用户,可进入系统对相关的业务进行访问;否则就会被拒之门外。如银行相关系统使用用户密码验证,文件管理系统使用管理员代码验证,都是为了防止无关人员进入系统对文件或数据访问或破坏。

▶▶▶ 4.防写措施

计算机外存储器有一种叫只读光盘（CD-ROM），使用者只能读出信息而不能追加或擦除，使用者可对一次写入式光盘（WORM）一次写入多次读出，可追加记录但不可擦除之前的原有信息，一次写入式光盘这种不可逆式记录介质可以提高电子档案内容的有效性和安全性，防止用户更改。目前在许多软件中的设置项中，有一种"只读"状态，在这种状态下，使用者只能从软件或文件中读出信息，而不能做任何修改性的动作。

▶▶▶ 5.硬盘还原卡技术

使用硬盘还原卡后，用户可以随意对硬盘中的电子档案和数据进行增、删、改，一旦关机重新启动，硬盘又恢复到原来的状态，用户的操作不会留下任何痕迹，从而保护了硬盘中电子档案和数据的原始性。

(二)电子档案防病毒技术

▶▶▶ 1.计算机病毒的产生

计算机病毒是一种特殊的具有破坏性的计算机程序，它具有自我复制能力，可通过非授权入侵在可执行程序或数据文件中。计算机病毒最早出现在20世纪80年代中期，30多年的时间，病毒的数量高速增加。近年来，网络病毒开始大肆流行，携带病毒的数据包和电子邮件越来越多，对计算机病毒的防治查杀成为对电子档案保护的重要方面。

▶▶▶ 2.计算机病毒的防治

对病毒的防治管理要树立"预防为主，防治结合"的观念，要防止病毒向计算机内部各软件传染，还要抑制已存在病毒向其他计算机传染。由于病毒是主动的，必须从其寄生对象、内存驻留方式、传染途径等一些有危害性的病毒行为入手进行防范。

▶▶▶ 3.尝试运用多种软硬件技术

一旦发现病毒的相关踪迹后，就应用清病毒盘，启动计算机，查杀病毒，如果仍有问题,应及时向专业人员咨询。要重视对重要数据的保护,利用相关软件将数据保存于安全的地方。要制定严格的防毒规章制度,如定期或不定期检查软硬盘和系统;经常对重要的系统盘、数据盘进行备份;装备并定期升级最新的查毒杀毒软件等。

(三)电子档案信息备份

信息备份是一种可以为信息系统的受损或崩溃提供良好的、有效的恢复手段,是重要的保障信息安全的辅助措施。

▶▶ 1. 备份技术

备份技术发展较快,从最原始的复制到磁盘镜像和双工,到镜像站点、服务器集群技术和灾难恢复方案等。在网络中,人们通常使用的一种备份手段是磁盘镜像和磁盘双工技术。磁盘镜像能够不间断地更新及存储同一种文件,其有两个成对的磁盘驱动器及盘体在同一通道上。在两个硬盘中的一个发生错误的情况下,另一个依然能够不受影响地单独运行。磁盘双工的两个磁盘分别在两个通道上做成镜像,如果磁盘及通道都损坏时,也可以对文件起到保护作用。

▶▶ 2. 备份管理制度

电子档案管理者应注意以下几方面,首先,明确不同的备份方式。静态数据通常采用定期备份的方式,而实时系统最好采用实时备份,以避免死机延误的损失。其次,选择备份形式。如按照备份的内容有增量备份(对增加的数据进行备份)、全备份(对所有的数据进行备份)、集成备份(对整个系统包括数据和程序进行备份)等选择方式;按照备份的状态有脱机备份和联机备份两种方式。按照备份的日期选择有日备份、周备份、月备份等。再次,确定备份设备。结合单位实际情况和设备特点选择组合磁带机、磁盘阵列、光盘、硬盘、软盘等存储设备。最后,形成备份制度。如是否需要多套备份、是否需要异地存储、如何保证备份的智能恢复和灾难恢复功能。此外,有条件的单位还可考虑镜像站点和集群服务器技术等较先进的技术。总之,要从保证系统安全完整运营的高度来考虑备份工作应当注意的要素,形成一个比较完善的备份制度。

（四）电子档案网络传输信息安全技术

▶▶ **1.** 防火墙

防火墙在一个系统的网络和外部网络连接点设置障碍，从而阻止对非法访问本系统的信息资源，也可以阻止非法输出机网络上的机要信息和专利信息。

▶▶ **2.** 虚拟专用网

虚拟专用网是用于电子档案传输的一种专用网络，它可以在两个系统之间建立安全信道，非常适合电子数据的交换。在虚拟专用网中，文件传递双方比较熟悉，相互间的数据通信量很大。只要双方取得一致，在虚拟专用网中就可以使用比较复杂的专用加密和认证技术，能极大地提高电子档案在传递过程中的安全性。

▶▶ **3.** 网络隔离计算机技术

深圳宏网科技有限公司发明了一种网络隔离安全计算机，可在一台计算机上实现内网和外网两种功能，内网是内部保密网，外网是国际互联网。这种计算机可确保在外网遭到攻击毁坏时，内网安全无恙。

第四节　信息化时代下网络环境对档案信息管理的影响

一、档案信息安全

多年来，在传统的保密观念影响下，档案工作普遍存在着"重保管、轻利用"的问题，致使大批的档案得不到充分的使用，许多很有价值的档案长期被束之高阁。随着计算机网络技术、数字技术及多媒体技术在档案管理工作中的不断利用，电子档案信息应运而生。21世纪是一个科技化高度发展的时代，也是一个信息量高度共享的时代，档案信息公开已成为一种必然的趋势。另外，在利用计算机对电子档案进行操作、传输、存储的过程中，以及在电子档案的采集、整理、归档、利用过程中,都会不可避免地产生误操作、被偷窃、丢失、病毒、黑客侵犯等问题,这就对电子档案信息安全保障工作提出了非常迫切的要求。

(一)档案信息安全工作的必要性

档案不同于一般信息,它记录着党和国家事务活动的历史过程。档案中有一部分涉及国家机密,关系国家安全,包含国家政治、经济、科技、军事、文化等方面的敏感信息,具有较强的保密性和利用限制性。这些信息被非法利用,将威胁到国家安全,损害公众的利益,危及社会稳定。档案信息特有的原始性和凭证作用的不可替代性,也决定了对其在数字环境中存储传输的可靠性要求高于其他信息,如何提高档案信息的安全性,成为档案管理信息化时代必须面对的问题。

(二)档案信息安全性的范围

档案信息的安全性包括三大范围:①机密性:使非合法授权者不得使用;②真实性:可确定档案来源的合法性;③完整性:确保档案没有被有意或无意篡改。

根据所归纳的安全性的范围,所有这些有关通信和信息传输过程中的各种安全需求可以进一步地被归纳为保密性需求、真实性需求、完整性需求。为了满足这三个安全需求,需要为电子档案的管理设计一个较为完整的安全系统。因此,在电子档案安全系统中,应该准备好预防方案和紧急应对的方式,以确保档案信息公开的安全性。

(三)档案信息的安全性设计

≫≫ 1. 人员安全

档案信息操作过程中最有可能发生的安全问题就是人为泄密。因此,在档案信息公开前,必须防范任何可能蓄意或者非蓄意的人为疏失,通过培训教育组织内成员,积极宣传信息安全的重要性,降低泄密发生的概率。同时,严格执行任何人使用档案信息前必须先确认使用者身份才能进入档案库房的制度。此外,任何档案工作部门的成员或多或少都会接触到不同程度的档案实体,因此人员异动,包括职位调动、离职、停职及退休等均可能造成信息外流。为避免档案信息意外流出,就必须对人员异动与权限有效期的控管进行管理。任何人员以计算机接触档案信息时,首先要取得区域内计算机的使用权,落实使用者权限的管控;根据不同职位的职权,给予一般使用、超级使用者和管理者权限;以固定的使用者账号命名逻辑,人工就可以加以初步的辨识,如果有入侵意图,使用不具有管理工作权限的代码,就可以立刻排除;严格要求同仁选用不会让别人轻易猜到或看到的通行密码,强制密码长度及组合复杂度(如强制必须英文、数字混杂),减少被"有心人"猜中的概率;在离开计算机座位时,启动屏幕保护程式的密码等。

▶▶ 2. 操作安全

对员工进行信息安全的教育是确保信息安全政策有效性的重要措施。除了宣传信息安全的观念外,还应着重于档案信息操作过程的安全概念,包括个人计算机的防毒措施以及资料备份的观念,避免档案信息公开的过程中无意间夹带计算机病毒送出,并形成感染,造成使用者档案信息资料毁损或被篡改。档案部门除了在档案服务器中安装杀毒工具之外,还应在邮件服务器上安装邮件杀毒软件,建立基本的防毒安全环境。现在的电脑病毒防不胜防,因此,档案工作人员应养成重要资料备份的习惯,将重要档案信息备份于服务器中,并备份于光碟或磁盘中,以减少还原失败的可能性,更重要的是建立异地备份的观念,使备份工作法制化。

▶▶ 3. 档案信息内容安全

档案部门能够提供的公开档案信息主要以电子邮件及网页浏览等方式来操作。为了确保公开的档案信息使用安全,档案信息以电子邮件方式发出前,应用防毒软件、电子邮件扫描软件进行杀毒;以网页方式发出时,应用内容过滤系统以及阻隔浏览网页系统来确保发送资料的安全,并阻止可能发送后的攻击事件。

目前的档案全文是以影像为主,影像扫描的过程中可能会遇到人为安全问题或者资料输入大致相同的问题。因此,对提取原卷的过程应加以重视,扫描前与扫描后务必保持原件的数量一致,并确保原件未受到破坏、恶意删改及盗用。

为了防止档案信息被非法窃取,确保档案部门公开的档案信息具有唯一性及公信力,在文件储存时必须先将文件加密,同时配合完善的存取控制,避免权限不足的人员取得资料。然而,储存加密技术再完善也无法避免系统人员的操作失误,为了避免操作上的人为疏失,引起纠纷,在整套的电子档案操作过程中必须建立完整系统档案,以便日后追踪及调查,包括操作系统的人、事、时、地、物,这样才能称得上安全的电子档案操作。此外,还要制定相关的法律法规,作为责任归属的依据。

>> 4.信息设备安全环境

设备安全是保证档案信息安全的基本要件,一般应存放于适当的门禁系统的电脑机房内,以避免闲杂人等进入。电脑机房要加上密码锁作为主要的门禁系统管理,只有上级领导及负责机房管理的信息业务负责人有权进入,其他需要进入的人员,必须经过批准,取得同意后才能进入。以人为方式控制电子档案储存场所的接触人数,一旦发现档案信息有泄露的情形时,比较容易追查可能的外泄人员。同时,积极规划异地备份工作场所,即当电子档案储存场所及储存媒体被天灾、火灾、战争等外力破坏,造成档案信息内容无法读取或者辨识时,可以从第二替代地点取得备份资料,以恢复正常的工作。

二、网络在档案信息安全中的角色

20世纪90年代以来,信息化浪潮席卷全球,随着互联网的高速发展以及信息技术在档案管理中的广泛应用,使得档案管理观念和思想现代化,档案管理手段方式数字化、网络化,各级各类档案部门纷纷建网、上网,利用网络来传输、开发档案信息,突出表现在档案部门局域网、地域性档案信息网络的不断建立,档案信息载体呈现多样化。

(一)网络中的档案信息结构

互联网普及给档案管理带来的最大变化是促使档案管理事业从信息的数字化时代迈向信息的网络化时代,由此使得以数字化为基础的20世纪档案管理工作模式得到跨越式的深化和发展。在档案计算机管理由单机环境上升到网络环境后,档案管理的范围明显扩大,深度明显增加,档案信息结构也发生了明显变化,具体说来有以下几点。

➤➤ 1. 档案信息由过去主要是目录级二次信息为主变为全文级一次信息为主

在网络环境下,办公文件管理和档案管理逐渐向一体化发展,办公自动化系统产生大量的电子文件,通过网络系统可以直接转变为电子档案全文信息。没有形成电子文件的档案库存纸质文献也可以通过电子扫描和汉字识别系统,由纸质文献转变为电子文件的全文信息,这就为管理全文级一次档案信息提供了有利条件。从对档案计算机管理系统的功能来说,目录级二次信息只能起档案检索工具的作用,要想查看档案文献原文还要到库房去索取案卷,而全文级一次信息可以直接为用户检索查阅。

➤➤ 2. 网络环境下档案信息是由文字、图像和声音等多媒体组成的综合信息

长期以来,文字是记录历史的唯一工具,虽然文字描写生动、细腻,但遗漏了很多细节,留下了广阔的想象空间,这是文字的奥妙,也是文字的无奈。随着摄影和录音技术的出现,人们开始用图像、声音和文字一起记录历史。图像、声音能更直接、更具体和更生动地描绘事物,满足了人们最大限度地了解事物的愿望。近几年,各级各类档案馆保存的音像档案数量迅速增长。计算机网络技术的普及,图像信息处理技术的进步和发展,为人们通过计算机网络存储和处理图像信息开辟了新的途径。

➤➤ 3. 档案信息数据库开始出现面向对象的数据库

单机环境下的关系型数据库只用来存储数据,处理数据则由另外的程序完成,而面向对象的数据库不仅存储数据,也存储处理数据的程序。另外,随着计算机信息网络的发展和档案科学管理的进步,档案信息数据库逐步产生了分布式数据库。分布式数据库有两大特点:一是数据的分布性,数据不是存放在单一结点上,由于网络的互通性,档案数据库可分布在不同的网络结点上;二是数据库数据的协调性,即数据库各子集之间有紧密的约束进而形成逻辑上的整体。

➤➤ 4. 网络环境下档案信息与社会综合信息一体化

由于互联网技术的迅速发展打破了传统的行业、地域和国籍的界限,一个地方档案馆把自己的档案信息资源构建成各种层次和级别的档案信息体系,还可以

代表本地区、本单位参与其他地区、其他单位的各种活动,依靠网络与其他信息系统交流,并将其他行业领域的前沿信息、热点问题等信息资源接收过来,为本地用户服务,实现不同行业、不同领域的信息资源共享。

(二)网络影响着档案信息的传播

▶▶ 1. 网络拓展了档案信息的传播广度

传统的档案管理是重管理、轻利用,等人上门查阅,在新形势下,档案的收集、整理、查询都会实现远程控制,任何人在任何时间和任何地点,都可以通过网络查阅到想知道的法律规定范围内的档案信息,此时档案信息的上下载、档案信息的组织都不再是面对面的,而是虚拟化的。以往的档案管理是部门条块分割的,而在网络环境下,不同部门、不同单位甚至是不同国家的各类档案需要相互联系,为用户提供统一服务。

▶▶ 2. 互联网的发展为档案信息传播提供了新的渠道和动力

在传统的传播方式中,档案信息传播的内向性较为明显,某一领域的非专业人员往往很难接触到该领域的相关档案信息,即使是专业人员,也经常受传播地域性或物质条件的限制,不能获得全部的相关档案信息。如果选择了某种传播媒体,在整个信息传播过程中,受传者只能接受同一种媒体表现形式。而在网络传播中,受众可以随时根据需要或兴趣自由选择媒体表现形式,还可以随意安排使用时间;不仅可以在任何时候接受相关信息,还可以不断重复、跳跃删节,甚至参与信息的重组。

▶▶ 3. 互联网的发展提高了档案信息的传播效果

互联网的互动性使得档案信息的传播不再是单向的,档案部门和受传者可以通过网络直接传输和反馈相关信息及传播内容,使得以往单向传播过程双向化。信息的实时反馈督促了档案部门改进自身传播工作,使其传播的档案信息更具针对性,从而提高传播效果。同时,一个网络信息的受传者可以在一个文本上嵌入自己的"链接",不断扩大信息的深度和广度;每个受传者都可以加入新闻组参加对信息的讨论,而这种讨论本身也会作为新的信息出现,由此而使信息的传播过程呈现出动态发展的趋势。

▶▶ 4.互联网的发展加快了档案信息的传播速度

在互联网出现以前,档案信息的扩散主要通过档案借阅、编研成品的出版以及信息在报纸、期刊上的公布等形式来进行传播,其传播速度较慢。就拿编研成品的出版来说,传统的纸质图书从编辑加工、装帧设计、印刷发行,一本书到读者手中往往需要较长的时间。传统传播方式的时延现象对档案信息的传播与利用是不利的,而互联网的广泛发展,使需要传播的档案信息能在瞬间迅速传布到世界的各个角落。

▶▶ 5.互联网的发展降低了档案信息传播的成本

相较于传统的档案信息传播方式,网络传播没有纸张和印刷开支,没有图书发行流通费用,也不会出现图书流通过程中的库损等,从而降低了档案信息的传播成本。

(三)网络带来的档案信息安全问题

网络犹如一把"双刃剑",在带给档案信息利用便利的同时,也使档案信息安全问题日益突出。人为错误、自然灾害、电磁泄漏、逻辑炸弹、"黑客"、病毒、特洛伊木马等威胁着档案信息网络的安全运行。因此,网络环境下的档案信息保护难度加大、档案信息安全比以往显得更为突出与重要。在信息网络环境下,档案部门如何面对突如其来的变化,如何充分利用信息网络技术发展档案事业、保障档案信息的安全,成为新时期档案管理发展必须解决的问题。网络环境下,档案信息的安全受到以下几方面的威胁。

▶▶ 1.数字化档案信息的真实性、可靠性和可用性受到威胁

电子文件信息主要以光盘、磁盘为载体,导致电子文件容易被更改且更改以后不留痕迹,也容易被复制,且复制以后分不清楚原件与复制件。因此,电子文件的法律效力也受到了质疑,并且目前国家对电子文件是否可以作为法律证据、什么情况下可以作为法律证据没有明确的法律规定,一旦需要档案的凭证作用,又不得不依赖纸质档案,无形中使得数字化档案的价值"缩水"。

▶▶ 2.数字化档案信息在保存与传输过程中可用性受到威胁

首先,传统档案主要以纸张为载体,保存时间远远比光盘、磁盘长,因此,光盘、磁盘每隔几年就要更换新的载体,否则信息将不可读;其次,光盘、磁盘容易受到各种外界磁干扰,不注意保管就会消磁,使其记载的信息消失;再次,网络是一个开放式的系统,计算机系统和网络技术的缺陷和漏洞很多,正是由于这些缺陷和漏洞的存在,黑客能很轻易地通过网络非法入侵档案机构的网站和信息系统,造成系统和数据的破坏和泄露。据统计,在档案信息传输过程中,现在的安全问题多数是 PC 机结构和操作系统不安全引起的,在 Windows 平台上利用 Windows 系统的漏洞的攻击占 70%。目前,由于信息安全技术的发展落后于信息应用技术的发展,操作系统、计算机网络系统和数据库管理系统的建设和安全标准不统一,存在很多漏洞,维护安全和提高效率这两方面存在矛盾。而且,我国的信息化设备及相关技术严重依赖进口,信息安全技术发展相对落后,使档案信息系统存在严重的安全隐患。

▶▶ 3.病毒、黑客对档案信息安全造成威胁

档案信息化建设的主要途径之一是兴建档案网站,企业及政府部门通过档案网站发布档案信息,开展档案信息建设工作,但是网络的开放性也对档案信息的安全性构成严重威胁。木马程序是主要的威胁之一,不法分子通过木马程序非法侵入档案网站篡改档案信息、获取档案信息,严重的可能会销毁数据资料,对档案网站造成毁灭性的打击。另外,黑客还会利用漏洞侵入网站,获取管理权限,这种攻击主要分为两种,一种是主动攻击,黑客会通过各种手段对传送的信息进行篡改、删除,破坏档案信息的完整性与可用性;另一种是被动攻击,就是在不影响系统正常运行的情况下,黑客对传送的信息进行监听、窃取。这些都会对档案信息安全造成严重威胁,影响档案信息系统的正常运行,对人民和国家的利益造成危害。

▶▶ 4.档案工作人员自身的问题影响档案信息的安全

第一,档案人员的安全意识薄弱影响档案信息的安全。在传统档案馆服务模式的影响下,档案工作人员面对信息时代的档案工作呈现出了滞后的状态。首先是知识结构的滞后,传统的档案工作人员将自己的角色定为单纯的保管者,档案载体多为纸张,是实实在在地保存在档案馆中的,因此保障档案的安全仅仅是保护好这些档案实体,然而档案信息化建设中,档案信息的安全大为扩展,保障档案信息的安全,不仅要保护好档案实体,而且档案信息被赋予了新的载体,要求档案人员熟悉新载体的物理性能;档案信息的传输介质更加开放,要求档案人员掌握基本的网络安全策略。安全知识的欠缺,导致在档案工作中经常出现档案信息无法读出、网站遭到病毒、木马程序的破坏等情况。

第二,内部管理制度影响档案信息的安全。管理是档案信息化安全工作中最重要的部分。责权不明,安全管理制度不健全及缺乏可操作性等都可能引起管理安全的风险。当网络出现攻击行为或受到其他安全威胁时,无法进行实时的检测、监控、报告与预警。同时,当事故发生后,也无法提供黑客攻击行为的追踪线索及破案依据,即缺乏对网络的可控性与可审查性。网络的开放性使得档案系统受到攻击的时间与位置成了未知数,没有一个完善的应急预案,发生危机事件以后会陷入被动局面,束手无策,损失亦不可估量。

第三,档案工作人员责任心不强影响档案信息的安全。部分档案工作人员对档案工作没有激情,得过且过,不能尽心尽力地做好自己的本职工作。在实际工作中表现为:管理制度不落实,有些虽然设置了完善的管理制度,但是由于档案人员的忽视,导致形同虚设;在日常工作中常常是检查不到位,人员不落实,处理不及时,会上强调多,会后督促少,普遍号召多,具体研究少,结果是解决不了问题,档案安全管理也就没有制度约束;有的档案馆工作人员为了省心、省力,许多档案信息的数字化工作不是自己亲自完成,而是请外部人员代劳,而外部聘请的人员素质又参差不齐,有些甚至仅仅懂得打字录入而已,对档案工作的重要性一无所知,因此档案信息的数字化工作质量得不到保证,许多低级错误在所难免,甚至信息遭到故意泄露篡改,直接影响了档案信息的安全及提供利用。

▶▶ 5.网络技术问题影响档案信息的安全

档案信息系统遭到人为破坏,主要是不法分子利用系统漏洞传播木马程序,非法获取管理权限,破坏档案信息。一方面,国家立法部门关于此类犯罪事件的法律不完善,许多数据规范化、标准化问题尚未解决,各个部门各行其是,采用的软硬件设施不一,发现安全问题也无法共享;各个部门采用的安全策略也不统一,有些部门采用了防火墙,安装了反病毒软件,利用数据加密、身份认证等多重措施保证档案信息安全,而有些部门出于技术与资金的限制,仅仅采用了单一的安全策略;另一方面,由于国内相关技术发展落后,因此,信息化技术严重依赖国外,从硬件到软件都不同程度地受制于人。国外厂商的操作系统、数据库、办公文字处理软件、浏览器等基础性软件都大量地部署在档案信息系统中,但是这些软件或多或少地存在一些安全漏洞,使得恶意攻击者有机可乘。当前,档案系统正在使用的计算机操作系统和档案软件也不可能是毫无缺陷和漏洞,然而这些漏洞和缺陷恰恰是黑客进行攻击的首选目标。另外,软件的"后门"都是软件公司设计编程人员为了自己方便而设置的,一般不为外人所知,但"后门"一旦洞开,其后果将不堪设想。

第五节　信息化时代下高校档案信息管理的创新研究及对策

一、制定完善的档案信息管理制度

(一)建立健全库房安全管理制度

建立健全库房安全管理制度,加强防治结合,消除库房安全隐患,确保档案安全,是维护档案安全和完整的一项重要措施,具体应建立以下制度。

一是日常安全检查制度。日常安全检查制度指对库房内的档案及相关设备、设施进行日常安全检查,以便及时发现问题,将危及档案安全与秩序的因素消灭在萌芽状态之中的制度。主要检查档案有无霉变、虫蛀,有无被泄密、毁灭、遗失、盗窃;库房有无火灾、水灾等隐患,用电设备是否完好,消防器材是否齐全,门窗是否牢固等。

二是进出库制度。进出库制度指为确保档案的完整与安全,对进出库房的档案、人员所做的专门性规定。主要包括在库房外悬挂非工作人员不得入内的警示标牌;库房管理人员在库房内不允许从事与库房管理无关的其他活动,非工作时间一般不允许进入库房;档案入库前要进行必要的消毒处理;档案进出库要登记;

对典藏的档案要进行定期检查清点。

三是库房指南。库房指南指库房档案及库房相关设备、设施的存放位置的索引,便于平日库房管理人员切实掌握库房档案的存放情况及取放档案,更有利于在突发情况下迅速抢救并转移档案。

四是库房安全责任制。将库房安全责任落实到人,量化到岗,落实到具体个人岗位责任制中,层层负责,确保库房安全。

五是保证计算机系统良好的工作环境。档案管理制度需要确保计算机系统有一个良好的电磁兼容工作环境,主要指存储档案信息的库房、计算机机房的周围环境是否符合管理要求和具备抵抗自然灾害的能力,应当按照国家标准《计算站场地安全要求》《电子计算机机房设计规范》规定进行建造,在确保恒温、恒湿的条件下,既能防水、防火,又能防雷、防磁、防静电,使得各种硬件设施远离强震动源、强噪声源,保证档案管理系统有一个安全的运行环境。

(二)建立档案管理系统的安全管理制度

≫ 1. 制定档案信息系统安全设计与建设规范

制定有关档案信息系统的安全建设规范,可以按照信息安全等级保护 3 级、2 级的要求,设计配置必要的安全软硬件设备,通过安全软硬件系统建设,保障信息系统稳定、可靠、安全地运行。信息系统安全设计与建设的总体策略包括了分域防护、访问控制、权限管理、多层防御、集中监控、管理规范、明确责任等内容,根据档案信息系统的专业特点与档案信息安全要求,明确规定了档案信息系统按照区域划分原则应划分核心域、管理域、应用域、终端接入域四个不同安全区域以及各区域的访问控制与权限管理,分区域梳理了物理层、网络层到数据层按照不同等级保护的技术要求以及安全控制措施和产品,有针对性地提出了档案网络安全建设与应用系统安全建设的要求,为新建项目单位从系统规划、设计与实施、运行管理以及数据备份等全过程安全技术保障建设提供规范指导。

≫ 2. 制定档案信息系统安全保障工作操作指南

制定档案信息系统安全保障工作操作指南,规定档案信息系统安全保障工作中的人员安全管理,机房和设备安全管理,网络安全管理,应用系统安全管理,在线监测监控网络和数据安全管理,访问控制安全管理,文档、数据与密码应用安全管理,安全事故、故障和应急管理技术操作规范。

▶▶ 3. 制定档案信息系统安全监督检查工作规范

在档案信息系统安全体系建设与运行管理全过程中引入档案信息系统风险评估、风险管理的概念,明确信息安全自我检查、监督检查环节工作流程,以及安全检查工作的内容、程序、方式与要求,提出档案信息系统安全工作监督检查工作量化的指标体系。

二、强化档案信息管理队伍建设

(一)创新管理队伍的思想观念

观念虽然无形,但是对提高档案信息化人才的决策能力和执行能力具有决定性的作用,为此,需要培育档案工作人员以下七种新思维。

▶▶ 1. 开拓思维

树立追求理想、崇尚科技、奋力改革、不断开放、不畏艰险、不甘落后、奋勇拼搏、图存图强的开拓意识,破除守旧、畏难、不作为的落后意识。

▶▶ 2. 战略思维

战略是对事业发展全局性、长远性的谋划,战略眼光是大视野,战略目标是大手笔。为此,要将档案信息化和社会发展的大趋势,如改革开放、经济繁荣、知识管理、文化传播等紧密联系起来,将社会需求作为档案信息化的目标,形成科学的"顶层设计",自上而下、积极稳步地组织和推进档案信息化工作,改变过去各自为政、分头重复建设的粗放型发展格局。

▶▶ 3. 策略思维

策略是又快又好地实现战略目标的最佳路径。针对档案信息化的薄弱环节,应当实行"内合外联"的策略,即对内实行档案技术和信息资源的整合,以整合的实力提升外联的能力;对外实行与外部信息系统的外联,将优质档案信息资源接收进来,辐射出去,使档案信息系统成为社会信息的集散枢纽。

▶▶ 4. 人本思维

档案信息系统要真正做到"以用户为中心",即以档案利用者和档案工作者应用度、满意度作为信息系统建设的出发点和归属点。为此,信息系统要尽可能满足用户,特别是社会大众的需求,且做到操作简便,界面友好,富有人性。

▶▶ 5. 开放思维

网络化是一个开放的平台,只有开放,才能充分发挥网络化的优势。因此,档案信息系统要积极致力于与各种社会信息系统互连互通,无缝对接,在互连中获取更多的数字档案资源,在网络化服务中提升档案工作的社会影响力和认可度。

▶▶ 6. 忧患思维

电子档案的存储密集性、传播快捷性、技术依赖性和表现虚拟性,使其失真、失金、失效、失密的风险日益增大,而且数字化带来的灾难往往具有一瞬间、毁灭性的特点。由此,开展档案信息化建设要居安思危、未雨绸缪、警钟长鸣,一手抓技防,一手抓人防,两手都要过硬。

▶▶ 7. 辩证思维

档案信息化会遇到许多矛盾的对立面和统一体,如资金的投入与产出、数据的存入与取出、配置的集中与分散、信息的共享与保密、文件的有纸与无纸、资源的增量与存量等,需要人们用联系的方式和发展的眼光去认识,处理好对立统一的关系,避免非此即彼或顾此失彼的僵化思维方式。

(二)重构管理人员的知识结构

按照档案信息化的需要,现代档案工作者的知识结构需要进行以下补充。

▶▶ 1. 信息鉴定知识

信息时代的档案信息在规模上是海量的,在门类上是多维的,在价值上是多元的。档案工作者只有具备电子档案信息内容价值和技术状况的鉴定知识，才能及时、准确地捕捉和收集具有档案价值的信息，并根据其重要程度划定保管期限。

2. 科学决策知识

档案信息化迫切需要科学规划，档案工作者只有具备开展调查研究、制定科学战略规划和规划实施方案的能力，才能把握大局，把握方向，登高望远，运筹帷幄，避免信息化走弯路，受损失。

3. 宏观管理知识

档案行政是档案信息化的直接动力，档案工作者应当具备组织、指挥档案信息化工作的业务能力，掌握有关档案信息化法规、制度、标准、规范的专业知识，具备从档案业务和信息技术结合上的依法行政的执行力。

4. 需求分析知识

档案信息系统建设须以用户为中心，需求为导向。为此，档案工作者应能对档案信息的显在用户和潜在用户、当前需求和未来需求、本校内部需求和社会大众需求等，进行全面的、前瞻的分析，并对档案信息系统的信息需求、功能需求和性能需求进行准确的描述和规范的表达。

5. 系统开发知识

为了实现档案业务和信息技术的完美结合，档案工作者必须全程、深度参与档案管理信息系统开发。为此，档案工作者需要学一点软件工程的理论和软件开发的技术，学会用信息技术的专业语言与信息技术人员进行沟通，准确表达自己对信息系统建设的需求。

6. 系统评价知识

档案工作者要具备评价档案信息系统质量的能力，能从档案管理和计算机技术的专业角度，评价档案信息系统的间接效益和直接效益，评价系统管理指标、经济指标和性能指标，并能对系统存在的问题提出改进的意见和建议。

（三）提升管理人员的操作技术

▶▶ 1. 信息输入技术

能够采用传统的键盘输入技术，先进的语音、文字、图像识别输入技术，数据导入、导出转储技术，数码摄影、摄像技术，快速、准确地输入文字、图像、声音、视频等信息。

▶▶ 2. 信息加工技术

能够采用信息检索工具，从指定的网页、服务器、脱机载体中采集档案信息；按照档案的形式和内容特征进行分类；按照档案的内在联系进行组件、组卷或组盘；采用自动或手工方式对档案进行著录和标引，对档案元数据进行采集、封装和管理。

▶▶ 3. 信息、保护技术

熟悉或掌握数据库管理、数据组织、数据迁移、数据加密、数字签名、脱机存储、网络访问控制、数据容灾，以及维护电子档案真实性、完整性、有效性和安全性等技术。

▶▶ 4. 信息处理技术

熟悉或掌握文本编辑、图像处理、视频编辑、文件格式转换、数据下载或上传等技术。了解或掌握档案多媒体编研技术，能围绕特定主题，将编研素材编辑制作出档案编研成果。

▶▶ 5. 信息查询技术

能够按照用户查档要求正确选择检索项、关键词、主题词、分类号，并正确组织检索表达式，对在线或离线保存的文本、超文本全文信息进行检索，并对检索结果进行打印、下载、排序、转发等处理。

▶▶ 6. 信息传输技术

包括采用电子邮件、短信、微博、微信等手段接收和传播文本型、图像型、声音型、视频等各类档案信息。

（四）优化队伍结构

档案信息化建设的人才队伍至少需要以下四种类型的专业人才，特别需要兼备两种以上特质的复合型人才。

▶▶ 1. 研究型人才

档案信息化需要科学的理论指导，没有理论指导的实践是盲目的，脱离实践的理论是空洞的。研究型人才是理论的探索者和实践的导向者，其主要责任是研究档案信息系统建设的理论；探索电子文件归档管理和电子档案科学保管、远程利用的方法；研究新技术、新方法在档案领域的应用；研究、开发先进、适用的档案信息管理软件；提出电子文件和数字档案管理的标准规范；主持或参与档案信息化科研工作；从理论和实践的结合上指导档案信息化工作的开展；培养档案信息化建设人才。目前，档案信息化研究者主要由档案信息化工作者和高校师生构成，他们有各自的优势，又各自存在理论与实践方面的不足，最好是两方面研究者强强联合、优势互补，促进理论和实践的紧密结合和良性互动。

▶▶ 2. 管理型人才

档案信息化是复杂的系统工程，需要实行严格的目标管理和精细的过程控制。管理型人才的主要责任是掌握国内外档案信息化建设的现状、经验教训、发展趋势；制定切实可行的档案信息化战略规划和实施方案；制定相关的管理办法和标准；组织、指挥、督促、指导本校的档案信息化工作；协调档案信息化建设和其他外部信息系统建设之间的关系；培养和使用档案信息化人才资源；有效筹集和合理使用信息化建设资金等。目前，各机构的档案信息化管理职能大多由档案管理人员担任，他们具有传统档案管理的理论知识和实践经验，但是，往往缺乏信息化知识和技能，又由于公务繁忙，缺乏接受信息技术继续教育的机会，可能造成档案信息化管理上的缺位或错位。因此，亟待通过各种途径提高现有档案行政干部的信息化素养。

▶▶ 3. 操作型人才

档案信息化涉及的环节多、操作性强，需要一大批既懂档案管理业务，又熟悉计算机操作技能的操作型人才。这类人才的主要责任是应用计算机网络技术,从事档案数据积累、归档、组卷(组件)、分类、编目、扫描、保管、鉴定、检索、数据备份等操作,他们的工作责任心和操作能力,直接关系档案信息资源的安全、质量和价值,因此,要求他们具备强烈的信息安全意识、高度的工作责任心和熟练的操作技能。

▶▶▶ 4.其他型人才

第一,法律人才。档案信息化建设,特别是网站建设,可能涉及保密、隐私保护、知识产权、合同管理、网络安全等法律问题,需要具有相关法律知识的人才提供法律支持。

第二,数据库管理人才。数据库定义、运行维护、资源配置、权限设置、数据迁移等都需要数据库管理的专业知识,此项工作往往由本校信息技术人员担任,如果数据库服务器设在档案部门,档案部门也需要配备这样的专业人才。

第三,多媒体编研人才。高校档案馆需要配备必要的多媒体档案编研人才,以便从事对多媒体档案收集、整理和编辑工作。

值得指出的是,以上人才结构的落实,关键在档案部门的岗位设置。由于各高校受人力资源编制的限制,以上人才岗位的设置,既可以是专职,也可以是兼职,但不宜兼职过多,以免影响其专业能力的发挥。

三、优化档案信息管理法律环境

目前,我国高校档案信息安全的保障主要依靠技术上的不断升级,实践过程中大多是强调用户的自我保护,要求设立复杂密码和防火墙。但是,网络安全作为一个综合性课题,涉及面广,包含内容多,无论采用何种加密技术或其他方面的预防措施,都只能给实施网络犯罪增加一些困难,不能彻底解决问题。而且,防范技术的增强可能会激发某些具有猎奇心态的人在网络犯罪方面的兴趣。因此,从根本上对网络犯罪进行防范与干预,还是要依靠法律的威严与震慑力。

由于时代和技术的局限,目前我国还没有一部网络环境下关于高校档案馆信息安全的法律法规,笔者认为有必要制定这样一部法律,而且要注意信息安全法应具备的一般特点。

一是体系性。进入网络时代,人们获取知识的方式等发生了重大改变,也见识了网络病毒、黑客、网络犯罪等新事物。传统的法律体系变得越来越难以适应网络技术发展的需要,在保障信息网络安全方面也显得力不从心。因此,构建一个有效、相对自成一体、结构严谨、内在和谐统一的新的关于高校档案馆信息安全的法律法规就十分必要。

二是开放性。网络技术在不断发展,信息安全问题层出不穷,高校档案馆信息安全的法律法规应当全面体现和把握信息网络的基本特点及其法律问题,适应不断发展的信息网络技术问题和不断涌现的网络安全问题。

三是兼容性。网络环境虽然是一个虚拟的数字世界,但发生在网络环境中的事情只不过是现实社会和生活中的诸多问题在虚拟世界中的重新展开。因此,关于高校档案信息安全的法律法规不能脱离传统的法律原则和法律规范,大多数传统的基本法律原则和规范对信息网络安全仍然适用。同时,从维护法律体系的统一性、完整性和相对稳定性来看,安全法律也应当与传统的法律体系保持良好的兼容性。

四是可操作性。网络是一个数字化的社会,许多概念规则难以被常人准确把握。因此,安全法律应当对一些专业术语、难以确定的问题、容易引起争议的问题等做出解释,使其更具可操作性。

(一)制定原则

法律原则是立法活动的准绳,是立法精神的内在体现。高校档案信息安全立法活动必须在立法原则的指导下进行,才能把握信息安全发展的客观规律,更好地发挥法律调控功能。高校档案信息安全立法应当遵循以下原则:保障安全、促进发展原则;鼓励、促进与引导原则;开放、中立原则;协调性原则;重点保护原则;谁主管、谁负责与协同原则。

▶▶ 1. 保障安全、促进发展原则

所谓保障安全、促进发展原则,是指高校档案信息安全立法应充分考虑信息网络安全的问题,安全是信息网络健康发展的生命所在,没有安全,就没有信息网络的存在与健康发展。安全原则要求信息在网络传输、存储、交换等过程不被丢失、泄露、窃听、拦截、改变等,要求网络和信息应保持可靠性、可用性、保密性、完整性、可控性和不可抵赖性。与传统安全一样,信息安全风险具有"不可逆"的特

点,网络的开放性、虚拟性和技术性使得网络中的信息和信息系统极易受到攻击,信息安全是社会公众决定选择利用网络的重要因素。因此,信息网络立法应坚持安全原则。从国外立法的有关规定来看,无论是国际立法,还是各国国内立法,莫不以安全为信息网络立法的基本原则,从发现威胁、降低风险、控制风险的一切环节构建信息安全法律保障能力,通过规定电子签名、电子认证、电子支付等具体制度来保证网络信息的安全。因此,保证信息网络安全是各国信息网络立法的重要使命和应当遵循的基本原则。

▶▶▶ 2. 鼓励、促进与引导原则

所谓鼓励、促进与引导原则,是指高校档案信息安全立法应鼓励和引导社会公众利用信息网络进行信息交流和电子商务活动,从而促进电子商务的发展。21世纪是网络与电子商务时代,信息网络将在经济发展中起到举足轻重的作用。但目前的信息网络的发展还很不成熟,需要通过法律加以鼓励、引导和促进。因此,通过立法鼓励、促进和引导信息网络的发展是各国信息网络立法的基本原则。由于目前各国信息网络的发展水平和社会公众对信息网络的认同程度较低,因此政府应担负起引导职责,从政策、法律上为信息网络创造良好的发展环境,努力引导企业和社会公众积极利用信息网络。

▶▶▶ 3. 开放、中立原则

所谓开放、中立原则,是指高校档案信息安全立法对所涉及的有关范畴应保持开放、中立的立场,而不应将其局限于某一特定的技术形态,以适应技术快速发展、变化的实际需要。信息网络的技术性特征和信息网络的快速发展的特点要求信息网络立法应当保持开放、中立的立场,并具备一定的灵活性,以适应信息技术和信息网络快速发展的客观需要。信息网络的发展离不开有关技术的支持,如保障信息网络安全的电子认证、电子签名、电子支付制度等都是以密码技术、信息通信技术和其他相关技术的支持为基础的。可以预见,在网络和信息技术飞速发展的时代,信息网络的发展也将日新月异。随着信息网络的快速发展,一些建立在某一特定技术基础之上的诸如电子签名、电子认证、数据电文、对称密钥加密、非对称密钥加密等也将很快过时。如果立法将有关范畴依附于某一特定的技术形态,而相关技术的不断发展将使得建立在先前某一特定技术基础之上的法律范畴

不能适应新技术条件下网络发展需要。因此,信息网络的技术性和快速发展的特点要求立法对信息网络所涉及的相关技术和范畴必须采取开放、中立的原则,保持适当的灵活性,以使信息网络立法能够适应信息网络技术和信息网络自身不断发展的客观需要,防止因立法对特定技术和范畴的偏爱而阻碍信息网络的发展。

▶▶ 4. 协调性原则

协调性原则是指高校档案信息安全立法既要与现行的国内立法相互协调,又要与国际立法相互协调,同时应协调好信息网络中出现的各种新的利益关系,如版权保护与合理使用、商标权与域名权之间的冲突、国家对信息网络的管辖权之间的利益冲突、电子商家和消费者之间的利益平衡关系等。

虽然网络在一定程度上改变了人们的行为方式,但并没有彻底改变现行法律所赖以存在的基础。因此,网络立法应与现行有关立法相互协调。网络的全球性和技术性特征说明信息网络立法具有客观统一性,这就要求各国进行信息网络立法时应充分考虑到其国际普遍性,尽量与国际立法相协调,避免因过分强调立法的国家权力性和所谓的国情而阻碍信息网络的发展。另外,没有社会公众的广泛参与,就没有信息网络的健康发展,因此,信息网络立法也应协调好电子商家与消费者之间的利益平衡关系,使网络消费者获得不低于其他交易形式的保护水平。

▶▶ 5. 重点保护原则

信息及网络空间安全涉及范围比较广泛,确定高校信息和网络空间安全的关键环节,强化对关键环节的保护,是实现高校档案馆信息安全立法目的的根本保证。近年来,世界各国都在加强对关键基础设施的保护,并制定了较详尽的法律。如美国《能源政策法》规定,适用于总统、核控制委员会与其他合适的联邦政府部门、州、当地代理机构、私人组织以管理对核设施构成的威胁的研究,实施物理层、网络层、生物化学与其他恐怖威胁评估和关于可靠的电子标准的修正,规定了为大功率系统设备提供可靠的操作,包括网络安全的保护。欧盟对欧洲空间安全的重视程度也令人吃惊。近年来,美国的网络安全治理也强调数字基础设施是重要战略资产,国家应当基于安全需要,优先保护数字基础设施。因此,应当明确规定,信息技术产品生产单位不得在未经用户同意的情况下,在产品中预留后门或远程控制功能,利用其产品收集用户系统中的信息,强制执行某些软件的特定功能。提供信息技术服务的机构在未经用户同意的情况下,不得收集、保留其用户信息,不得将用户信息移出境外,不得利用用户信息非法谋取利益,威胁或破坏他人信息系统安全,泄露用户身份等敏感信息。

▶▶ 6. 谁主管、谁负责与协同原则

"谁主管、谁负责"体现了高校档案馆信息网络空间需要合理分配网络信息安全风险的特点,要求互联网的建设、使用单位对由本系统造成的信息网络基础设施灾难,或者严重影响社会公共安全、秩序的事件承担责任。欧盟关于建立欧洲网络信息安全文化决议要求每一个参与者都是保证安全的重要角色。倡导参与者根据其职责,了解相关安全风险、预防性措施,并承担相应责任、采取措施提高信息系统与网络的安全。"协同原则"是应对网络信息安全复杂性和艰难性挑战的必然选择。网络安全问题的深度和广度不断拓展,传统现实社会的行政管理和执法部门需要做重大甚至颠覆性的革新。依靠一个职能部门的单一力量不能有效地防范和应对信息安全的挑战,必须坚持"既有分工又有协作,共同防范和应对网络信息安全"的原则。网络信息安全保障立法必须将"谁主管、谁负责"原则与"协同"原则有机结合起来,既有分工又有合作。应当明确相关部门的职责,也应当明确部门之间协同治理网络空间的法律机制,以保障国家能够及时、有效地维护网络信息安全。

当前,互联网已逐渐成为境内外敌对势力、邪教组织等组织控制、指挥、煽动、渗透和勾连的工具;网络犯罪呈快速上升趋势,网络已成为违法犯罪分子攻击、破坏的目标。针对这一现状,仅对原有法律进行解释、修订或增补,难以把握好安全与发展之间的关系,更不用说实现国家整体战略目标。因此,建议国家颁布综合性信息安全法律,确立信息安全的法律原则和基本制度,明确社会各方面保障信息安全的责任和义务。排除国内外敌对势力的干扰、破坏和攻击,确保国家关键基础设施的安全,维护国家安全、民族独立、社会稳定、经济安全,为全面建设和谐社会提供健全的信息安全法律保障能力。

此外,立法应遵循的一般原则有科学性原则,民主性原则,稳定性、连续性和适时性相结合原则,合宪性和法制统一原则等,高校档案馆信息安全立法活动中也应严格遵守。

（二）制定依据

宪法和相关的信息安全法律、法规和其他规范性文件都属于高校档案信息安全立法的依据。我国目前尚无一部较为系统的网络安全立法，为管理和保护互联网出台的相关法律法规多是制定于 20 世纪末和 21 世纪初的行政法规或部委规章，最早可追溯至 1994 年出台的《中华人民共和国计算机信息系统安全保护条例》，其后又陆续出台了一些法律法规。如《全国人民代表大会常务委员会关于维护互联网安全的决定》《中华人民共和国计算机信息系统安全保护条例》《中华人民共和国计算机信息网络国际联网管理暂行规定》《计算机信息网络国际联网安全保护管理办法》（公安部）《商用密码管理条例》《计算机信息系统国际联网保密管理规定》（国家保密局）《计算机病毒防治管理办法》（公安部）《计算机病毒防治管理办法》《计算机信息系统保密管理暂行规定》《电子出版物管理规定》《金融机构计算机信息系统安全保护工作暂行规定》等。

自 2000 年以来，我国相继制定了《互联网信息服务管理办法》《中华人民共和国电信条例》《全国人民代表大会常务委员会关于维护互联网安全的决定》《互联网新闻信息服务管理规定》等一系列针对互联网管理和维护的办法和规定。《未成年人保护法》《侵权责任法》等法律的相关条款也涉及或适用于互联网管理。此外，还有《最高人民法院、最高人民检察院关于办理利用互联网、移动通信终端、声讯台制作、复制、出版、贩卖、传播淫秽电子信息刑事案件具体应用法律若干问题的解释》等司法解释，总体来看，我国有关网络信息保护的法律规范还比较薄弱，与我国信息化发展和维护广大人民群众在网络活动中合法权益的要求不相适应。

（三）规划与建设

》》 1. 档案信息安全的规划与建设

任何一个信息系统，只要它与外界交流，就不会只孤立于一个单位或部门乃至一个地域或国家。因此，对这样的系统，如果不通过立法来规范其建设，任由各单位、各部门自行其是，势必造成信息网络杂乱无章、无法有效地互连互通，从而失去网络建设的意义。用法制来规范档案信息系统网络的规划与建设，在立法时应考虑的问题有建立统一的组织领导机构,统筹规划、处理如专用网与公用网之间的关系,全国各地方网络发展的协调问题;克服重硬轻软的倾向,加强网络信息资源的开发与利用,开放公共信息资源,国家对网络软硬件设施建设给予财政支持;网络的标准化与开放性原则;网络建设与应用专业人才的培养和全民性普及教育。

2. 档案信息安全的管理与经营

档案信息系统管理问题就是如何在网络上最大限度地实现资源共享,同时最大限度地限制不良信息的传播和泛滥的问题。目前,档案信息系统的管理还很不成熟,实际上是非常松散,已经引发了很多社会问题。因此,有必要建立健全信息系统管理与经营的法律机制,明确信息系统网络的管理机构和经营机构的权利、义务与责任,做到有章可循、有法可依,同时引入竞争机制,提高信息系统的管理水平和服务质量。

3. 档案信息系统的安全

信息系统中存储和流通着大量的重要信息,有些还是关系国家安全的重要机密。因此,它提供的信息是极其宝贵和重要的无形资产,但也存在严重的安全隐患。信息系统网络中的重要信息若被非法篡改或窃用,将对国家、集体或个人造成严重损失。现代社会的运转越来越依赖信息系统,信息系统一旦发生故障或遭受破坏,将会给国家和单位造成无法弥补的重大损失。实际上,信息系统已经成为犯罪分子、恐怖集团以及现代信息化战争的重要攻击目标。

因此,有必要通过行政立法强制性地贯彻实施档案馆信息系统安全技术与安全管理等措施,强化档案馆信息系统特别是档案馆信息系统网络的安全。

4. 档案个人数据保护

由于信息网络的普及,对个人数据的保护或所谓隐私权问题已越来越受到广泛的关注。许多国家陆续颁布了数据保护法,规定数据用户必须履行登记手续,明确数据来源、使用目的,并保证数据的安全可靠与正当使用;为保护个人隐私不被侵犯,数据主体依法享有知悉权、修改权,因不准确或不当使用数据主体的数据给其造成损失时,有要求赔偿的权利等。在我国,这个问题如何处理,也是一个需要尽快解决的问题。

四、加强档案信息管理资源共享

(一)加强高校档案参与信息公开的力度

无论是对高校信息公开背景下档案馆进行参与的可行性分析,还是其外部环境的剖析与建构,都是为了能够找出更加切实可行的具体参与措施,唯有如此,才能将本文前述部分的分析化作更加可为的实践行为,才能凸显本文研究的实践价值与现实意义。

▶▶ 1. 确定高校档案馆参与信息公开的内容

高校信息公开的内容一般分为两大部分:一是高校应该主动公开的信息;二是公民、法人和社会组织申请公开的信息。《高等学校信息公开办法》规定的高校公开信息基本包括上述两类,在第七条对高校应该公开的 12 类信息进行了详细的说明,在第九条中对需要依申请公开信息的情况进行了规范说明。对高校公开信息以条目式方式进行罗列,是《高等学校信息公开办法》的一大进步,相对于笼统说明式的条文,条目式方式指向性更强且更具操作性。

第一,开放档案。《高等学校信息公开办法》中规定的 12 条公开信息侧重于从内容角度来规定应公开的信息内容,全面涉及学校基本情况、规章制度、财务、招生、采购等多个重要领域,可以说除了涉及国家安全、商业秘密及个人隐私之外的所有信息内容都是高校信息公开应该覆盖的范围。从时态的角度考察,信息公开的范围应该包含信息运行的全过程,既包括具有现实时效的信息内容,也应包括由其沉淀而成的档案信息,而不能偏废一方或者认为信息公开只是具有现实时效的信息。从信息公开的基本精神和信息需求的现实状况分析,高校信息公开的内容也需要包含现时信息和历史档案。而《高等学校信息公开办法》"已经移交档案工作机构的高等学校信息的公开,依照有关档案管理的法律、法规和规章执行"的规定也再次证明了这一观点。

各种档案信息资源是高校档案馆的立馆之本,也是展现高校人文底蕴的生动素材。高校档案馆参与信息公开,馆藏各种档案信息资源成为其最大资本,是高校历史信息公开的主要来源。伴随着高校漫长的发展历程,会产生各种各样的信息记录来留存这一历史过程,而经过时间的不断洗礼,只有高校档案馆保存的信息资源会相对完整、系统,这也从另一个方面体现出高校档案馆参与高校信息公开的意义。但是,并不是高校档案馆的所有馆藏资源都是可以公开的,需要依照《档案法》和《普通高等学校档案管理办法》中的相应规定来执行。具体而言,所有开放档案都应该包含在高校信息公开的范围内,而关于开放档案的认定成为信息公开的关键。为了确保开放档案的准确和信息安全,高校档案馆可以成立档案密级鉴定小组,本着"公开为原则,不公开为例外"的基本精神,排除涉及国家秘密、商业机密和个人隐私的信息,严格划定归档信息的密级范围,对所有馆藏档案应该明确标注其密级状况,凡密级标明为"公开"的档案信息都应该允许对外公开。只有如此,档案部门才能不受"档案一般应当自形成之日起满30年向社会开放"的思维惯性约束,将档案信息密级划定的意义落到实际行动之中。特别需要明确的是,凡是在"文件"阶段就被"公之于众"的信息,在归档成为"档案"后应该沿袭其密级状态,直接成为开放档案中的一部分。

第二,现行文件。现行文件的提法根源于文件生命周期理论对文件运行阶段的划分,根据文件运行阶段和价值作用的不同,可以将文件运行分为现行阶段、半现行阶段以及历史保存阶段。高校档案馆的现行文件资源主要包括高校档案馆专门收集的各种现行文件信息,现实的情况以校内各部门的发文为主;另一部分是虽经过归档,但仍具有现时效用的档案信息。这一方面与某些档案信息自身时效价值特点有关;另一方面与高校档案的归档及时性相关。从《高等学校信息公开办法》规定的各类公开信息可以发现,现行文件信息是其不可缺少的组成部分。

第三,委托公开的其他信息。《高等学校信息公开办法》规定:高等学校应当将学校基本的规章制度汇编成册,置于学校有关内部组织机构的办公地点、档案馆、图书馆等场所,提供免费查阅。从中我们不仅可以明确高校档案馆作为高校信息公开场所的法定地位,也可以发现"学校基本的规章制度汇编成册"的成果也可以由高校档案馆来公开。因此,高校档案馆不仅要负责开放档案与现行文件的公开工作,也要完善自身条件,为高校信息公开打造一个良好的平台,接受学校委托公开的其他信息内容。

▶▶ 2.运用多种方式加强高校档案馆信息公开

在明确了高校档案馆可以公开的信息范围的基础上,必须对高校档案馆参与信息公开的方式进行探索，以便更加全面地开展高校信息公开工作。

第一，网络平台。随着网络技术的不断发展和广泛普及，网络方式成为社会各个行业都必须关注的重要传播途径之一，而且相较于传统传输方式，网络传输的及时性和快捷性更加符合信息公开的精神实质，《高等学校信息公开办法》也明确要求高校要在自己的门户网站建立"信息公开专栏"，因此笔者在这里将网络平台作为高校档案馆参与信息公开的首选方式。高校档案馆可以为高校信息公开建立自己的专门网站，或者将信息公开作为一个重要部分嵌入高校档案网站中。高校档案馆大都具有自己的档案管理系统和信息发布网站，因此，高校档案馆可以在对馆藏档案进行密级鉴定的基础上发布开放档案的有关信息，也可以将高校现行文件及其他需要发布信息一同在档案网站上发布，将高校档案馆网站由单一的部门网站发展成为学校信息公开的统一平台。这不仅有利于高校信息公开工作的开展，也对校内外了解高校档案馆及各类档案信息大有裨益。

第二，官方出版物。通过网络平台发布公开信息，虽然具有快捷及时的优势，但是电子文件证据力的缺失和网络传播安全性的质疑都使网络平台传播的信息缺乏法律效力。所以，网络平台应该成为信息公开的主要途径而不是唯一方式。参考政府信息公开的做法，编辑官方出版物是解决这一问题的有效途径。所谓编辑官方出版物，是指由高等学校或者相应的信息公开主管部门以学校名义将对外发布的信息公开出版。官方信息出版物大都着力于公开学校发展中各种重要活动的制度性信息，旨在从宏观上公开学校发展的相关信息。作为高校信息公开的积极参与者，高校档案馆应该主动参与到学校信息公开出版物的编撰之中，甚至可以选择合适的选题进行信息出版物的主动编写。

第三，固定查阅场所。现场查阅的方式虽然最为原始，效率也没有网络平台迅捷，但是设置固定信息查阅场所却是不可忽视的信息公开方式之一。现场查阅对于那些信息需求不够明确、检索能力有限的查阅者来说显得十分必要。高校档案馆在开办信息查阅场所方面有天然的优势，完全可以借助开办档案阅览室的经验，甚至可以直接利用档案阅览室来进行信息公开查阅场所的建设。

第四，高校档案馆参与信息公开的受众客体。高校档案馆参与信息公开的受众客体指的是高校信息公开的对象。从信息公开的立法精神和《高等学校信息公开办法》的具体条文规定中可以发现，信息公开的面向对象是整个社会中的公民、法人和其他社会组织，需要力争实现信息公开范围的最大化。当然，这是从宏观层面的一般性理解,具体的信息公开个案需要具体问题具体分析,尊重个体情况的差异性。从公开对象的性质而言,受众客体可以是法人与自然人,而在现实中很容易理解为单纯的自然人客体,实际上法人也是信息公开的重要客体之一。以高等学校自身为划分标准,高校信息公开的受众可以分为校内与校外,或者称为校内公开与全社会公开。如果说校务公开是"针对学校内部的一些管理",是"为了实现教职员工对学校事务的参与和管理"而"公开对象是学校内部的教职员工"的话,那么高校信息公开的精神则是要实现可公开高校信息在最大范围内的传播,是社会民众知情权的最大程度实现。

因此,高校信息公开的受众应是普通的社会民众,而不仅仅是校内教职员工。但是,我们也应该看到高等学校作为一个独立的法人实体,相对于整个社会而言,具有自身的个性特质和发展自主权,《高等学校信息公开办法》在尊重这一事实的基础上也将高校信息公开的受众范围权力赋予了高校,也就是说高校信息公开范围有校内外之别成为一种合法存在。但是高校也不能将这种权力无限扩大,将其演变成为高校信息公开的一种阻碍因素,而应该在一份信息生成或者归档之时对其公开与否及其公开范围进行明确标注。

▶▶ 3.加强内部基础建设

参与高校信息公开是高校档案馆功能拓展和形象重塑的一个重要契机。要做好高校信息公开工作,高校档案馆不仅需要完善外部环境,也需要加强自身基础设施建设。

第一,建立高校现行文件中心。虽然高校档案馆并不是高校现行文件产生的主要部门,但是高校档案馆在开展现行文件公开业务方面有着自身的优势。从理论角度而言,高校档案馆建立现行文件中心是对文件生命周期理论中文件运行整体性特征的关注,是对文件第一价值和第二价值的重新认识。从硬件角度来讲,高校档案馆可以积极借用现有的馆舍及开办档案阅览室的经验。在软环境方面,由于档案与文件的天然亲缘关系,故而档案工作者对文件是决然不会陌生和不知所措的,档案工作者完全能够成为现行文件的管理和提供利用服务的市场专家。

在具体的操作上,在现行文件的采集方面可以采取部门主动报送和档案馆收集相结合的采集机制,并以部门主动报送为主,同时要注意采集信息的数字化和系统化。部门报送可以采取定时报送与随时报送相结合的方式,根据信息内容的不同,向高校档案馆及时报送相关信息。在采集信息的载体方式上,要注意对增量文件电子文件的收集利用,避免不必要的重复数字化劳动,为信息的网络化利用打下基础。在现行文件的整理组织方面,高校档案馆应该根据信息的产生部门和内容,编制相应的现行文件公开目录和指南,做到有序化、系统化地采集信息,实现采集信息的有效加工。在现行文件的发布方面,高校档案馆可以利用学校官方出版物、编制现行文件发布资料、建立专门网站等方式来实现,特别是要注意网络平台的使用,以提高信息发布的及时性和利用的便捷性,但也要对现行文件信息进行充分的密级鉴定,以避免信息泄密和公开范围不当等问题的出现。

第二,加强档案密级鉴定。鉴定一词在档案领域中使用较为频繁,意为对档案真伪及价值大小的判断。档案鉴定是对一份档案材料能否成为档案以及档案价值大小的判定过程,在档案工作中具有十分重要的意义,也引起了档案理论与实践各界的高度重视。但是,档案密级的鉴定工作却十分落后,甚至很少引起大家的注意,而在信息公开的背景下,档案密级鉴定却是无法回避的问题:档案密级鉴定主要是指按照特定的原则、标准和方法,对档案文件保密等级的鉴别、确定与标识,以便明确每份档案的具体使用范围,妥善处理好利用与保密的关系,促使档案提供利用工作顺利进行和健康发展。

从前面的分析中可以发现,文件与档案密级的鉴定直接决定了文件与档案信息资源能否公开及公开范围的大小。而现实情况是,在"保密安全、开放危险"的传统观念的束缚下,档案人员一般比较保守,甚至有"被异化的谨慎",普遍存在着保密过度而开放不足的现象。

造成这种情况的原因主要:第一,定密方面的法规不完善。我国目前并没有协调统一的定密法规,以至出现涉及定密工作的部门虽然较多但谁都不负具体责任的状况。第二,密级划分不统一,标识不规范。比如,高校信息中哪些信息应该向全社会公开,哪些信息应该限制在学校范围内公开,都缺乏统一明确且易于操作的规则。第三,缺乏动态的档案密级鉴定机制。随着时间的推移,档案信息密级应该随之发生变化,而实际情况是一份档案信息经过一次鉴定定密以后,就很少再对其密级进行调整,出现"有人定密,无人解密""一次定终身"的现象,绝大多数涉密文件一定至终身,缺乏动态化管理,这与信息公开的要求是截然相反的。因此,高校档案馆要参与信息公开工作就必须加强相应的档案密级鉴定工作。档案密级鉴定是高校档案馆参与信息公开工作的关键环节,只有搞好档案信息的密级鉴定工作,高校信息公开才能落到实处。首先,高校要制定专门的密级鉴定制度。在国家还缺乏统一密级鉴定法规的前提下,高校应根据本校的实际情况,在不违背现有相关法律法规的基础上制定易于操作的密级鉴定制度,明确规定各种密级等级的划分标准及其标识。虽然这是一项知易行难的工作,但是如果没有相关的制度规范,高校信息公开的密级鉴定工作也很难深入开展。其次,高校档案馆要善于与相关部门组成联合鉴定机构来进行档案密级的鉴定。虽然高校档案馆对文档信息管理有较为丰富的经验,但是鉴于多数文档信息是由校内其他部门产生的,因此要搞好档案信息的密级鉴定工作,就必须善于协调相关部门,组成联合鉴定机构来进行密级的鉴定工作。再次,要真正实现动态的档案密级鉴定机制。在档案密级鉴定时就应该对有密级的档案做出明确的规定,可以在档案管理系统或档案实体上对档案信息密级、解密时间以及进行再次密级鉴定的时间进行明确规定,从而杜绝"一次定终身"的情况。

第三,将信息公开纳入数字档案馆建设体系。数字档案馆建设不仅需要运用现代信息技术,更加需要更新管理理念。在高校信息公开背景下,高校档案馆参与信息公开成为必然,而作为传统档案馆的发展和升级,数字档案馆建设也需要将信息公开的理念纳入到其建设之中。

要将高校信息公开纳入数字档案馆的建设体系之中,首先,需要将信息公开理念融入其中。数字档案馆不能只是对传统档案馆进行的技术革新,更重要的是先进管理理念的引入,而信息公开理念正是其中的重要内容之一。其次,要在高校数字档案馆建设中直接体现信息公开的内容。比如,在档案管理系统中嵌入信息密级鉴定的内容,为档案信息的公开打下基础;为学校文档管理系统构建数据接口,实现文档管理系统的无缝链接;档案管理系统在数字档案馆门户网站中糅合档案信息公开、现行文件公开等内容,为高校信息公开搭建发布平台。

(二)构建基于信息资源共享的高校档案管理模式

当前,高校档案信息资源的社会需求不断提高,构建基于信息资源共享的高校档案管理模式势在必行。

▶▶ 1.强化意识,顶层设计

高校档案信息资源共享建设是一个系统工程,该工程建设中需要的技术在信息技术快速发展的今天已经完全成熟,技术问题已不再是建设信息资源共享的难题。由于涉及众多的高校,而各高校之间相对独立性很强,因此,计划、协调、领导和管理变得更为重要。这就需要上一级政府或者教育主管部门来主导档案信息资源共享的建设工作,统一协调。建设的方式为自上而下,顶层设计,逐步向下推行。自下而上的建设方式将导致各自为政和重复建设,只有自上而下的全局规划才有可能做到总体结构合理和全局网络优化。顶层设计和总体规划不仅要求强化高校领导者的档案管理意识,更需要政府和教育主管部门的领导层具有强烈的建设档案信息资源共享的意识。信息资源管理主要是在国家级的宏观层面、网络级的中观层面和组织级的微观层面开展。目前我国高校的档案管理工作仅局限于组织级的微观层面。构建基于信息共享的高校档案管理模式需要突破微观层面,从微观、中观和宏观三个层面来构建高校档案信息资源管理模式。因此,高校档案信息资源共享能否顺利建设以及建设的快慢和效果,与领导层的意识和重视程度密切相关。

2. 加大档案管理的投入

《高等学校档案管理办法》规定:高等学校应当设立专项经费,为档案机构配置档案管理现代化、档案信息化所需的设备设施,加快数字档案馆(室)建设,保障档案信息化建设与学校数字化校园建设同步进行。由于校园网的建设以及各电信运营商加强了在大学校园内的竞争,数字化校园建设进展迅速。而档案信息化和数字档案馆的建设由于被重视程度不够和经费投入不足则滞后很多。为加快档案信息化建设的步伐,必须加大资金投入,加强基础设施建设,购置现代化的设备,并及时进行设备的更新换代。充足的经费投入是档案信息化建设的必要保证。在经费投入总额上,一个可行的办法是将一定比例的办学经费纳入档案信息化建设的专项经费中,且该比例每年递增,在高校办学经费日益增加的情况下,可以保证该专项经费以更快的速度增加。

3. 构建高校档案信息服务中心和高校档案信息共享集成系统

高校档案信息服务中心不仅面向高校的教学、科研和管理,还向社会提供服务,也是一个具有全局观念、开放型的服务机构。档案信息服务中心由档案保管、档案整理和档案查询及服务三个职能部门组成,兼具档案保管、整理和提供档案查询服务等功能的管理机构。

如果仅是各高校建立自己的档案信息服务中心,而没有一个将各高校档案信息服务中心协调和联合起来的信息共享集成系统,则各高校的档案信息服务中心将变成"信息孤岛",信息资源共享的壁垒没有被打破。因此,为实现高校间档案信息资源的整合和共享,档案信息集成共享系统的建设必不可少。

在各高校档案信息服务中心的基础上,通过各种关联和链接的建立,打破原各高校之间的分离,构成优势互补的档案信息资源库。可见,高校档案信息服务中心和信息共享集成系统有别于传统的高校档案馆,服务内容上更丰富,服务方式上更人性,服务层次上更高端,是一个高校档案信息资源共享的平台。

参考文献

[1]杨阳.高校档案管理信息化建设[M].长春:吉林文史出版社,2019.

[2]范杰,魏相君,敖青泉.信息化视角下高校教学档案的建设与管理[M].长春:东北师范大学出版社,2019.

[3]赵红霞.高校档案管理与服务研究[M].北京:原子能出版社,2019.

[4]刘璞.高校档案管理与信息安全[M].长春:吉林出版集团股份有限公司.2019.

[5]杨洋.高校档案管理的创新研究[M].长春:吉林教育出版社,2019.

[6]许秀.高校档案管理与信息化建设研究[M].哈尔滨:哈尔滨工业大学出版社,2019.

[7]黄兆红.信息时代下的高校档案管理[M].延吉:延边大学出版社,2019.

[8]陈一红.我国高校档案管理工作创新研究[M].天津:天津人民出版社,2019.

[9]孙康燕.美学视阈下高校档案管理艺术研究[M].长春:吉林美术出版社,2019.

[10]李晖.国防特色高校档案管理与信息化建设[M].哈尔滨:哈尔滨工程大学出版社,2019.

[11]高小丽.高校人事档案管理研究与实践[M].长春:东北师范大学出版社,2019.

[12]李季秀.高校学生档案规范化管理探究[M].长春:吉林科学技术出版社,2019.

[13]西仁娜依·玉素辅江.高校教学档案管理理论研究与实践[M].长春:吉林人民出版社,2019.

[14]罗琼.高校档案规范化管理探析[M].延吉:延边大学出版社,2019.

[15]徐曼.高校人事档案管理创新研究[M].北京:人民体育出版社,2019.